아파트촌에 보내는 사랑의 편지

아파트촌에 보내는 사랑의 편지

배 창 돈

1판 1쇄 / 2007. 10. 20
발행처 / 말씀과만남
발행인 / 최 헌 근
등록번호 / 제20-444호
등록일자 / 1991. 6. 19

138-220 서울특별시 송파구 잠실동 339-3
Tel : (031) 594-6327, Fax : (031) 594-6328
전자우편 : mmpress@hanmail.net

ISBN 978-89-7508-204-7 (03230)

정가 : 8,000원

잘못된 책은 바꾸어 드립니다

아파트촌에 보내는
사랑의 편지

배 창 돈 지음

말씀과만남

한 영혼이 주님께 돌아오기를 원하며

아무리 강조해도 부족한 것이 한 영혼의 중요성이다. 하나님께서 가장 귀하게 보시는 한 영혼은 천하보다 귀한 것이다. 이 일을 위해 예수님은 이 땅에 오셨고, 교회를 세우셨다.

가장 가치 있는 한 영혼을 구원하는 일은 세상에 그 어떤 일보다 중요하며 가치가 있다. 이 중요성을 깨달은 자들은 하나밖에 없는 생명까지도 복음을 전하는데 아낌없이 내놓았다.

영국에서 출생한 토마스는 동방의 한 미지의 나라 조선에 복음을 전하기 위해 제너럴 셔먼호를 타고 도착했으나 그를 기다리는 것은 서슬 퍼런 칼날이었다. 1865년 9월 30일 대동강 변에서 부교 박춘권의 칼에 목 베임을 당한 것이다. 그의 나이 28세였다. 이미 중국에서 복음을 전하다가 사랑하는 아내 캐롤라인과 태중의 아이를 잃었기에 그는 모든 것을 다 잃었다. 그러나 그는 조선 사람들의 영혼을 얻었다. 조선을 마음에 품었던 그는 잃은 것이 아니라 조선에 복음의 씨앗을 뿌린 것이다.

복음의 열매는 반드시 맺히고 만다. 토마스가 죽은 후 33년이 지난 어느 날 박춘권은 마펫 선교사를 만나게 되고 복음을 받아들인다. 복음보다 귀한 것은 없다. 복음을 통해 하나님을 만나고 인생의 목표를 알게 된다. 그리고 하나님의 사랑 가운데 이 세상을 살다가 하나님께서 준비하신 처소로 가게 된다.

우리는 모두 이 땅에 나그네로 왔다 가는 것이다. 이 세상은 여관과 같다. 어떤 이는 여인숙 같은 곳에서 살고, 또 어떤 이는 특급호텔 같은 곳에서 살기도 하지만 언젠가는 떠나야 한다. 이 세상은 잠깐의 처소일 뿐이다. 이 책에서 예수님을 만나고 인생의 의미를 깨닫고 가야 할 길을 알게 되기를 바란다.

이글을 통해 많은 분들이 하나님을 만난다면 이보다 더 기쁜 일은 없을 것이다.

평택에서 배 창 돈

차_례_

Love Letters to Apartments

Love Letters to Apartments

황금과 씨앗

어떤 배가 폭풍을 만나 항로를 이탈하였습니다. 파도와 싸우다 겨우 어느 무인도에 도착하였습니다. 그러나 배는 이미 부서져서 제 기능을 할 수 없게 되었습니다. 어쩔 수 없이 승객들은 이 섬에 정착하게 되었지만 다행히 무인도에서 몇 달 동안 살 수 있는 식량은 배에 남아 있었습니다.

이 섬은 땅이 비옥해서 씨앗을 심기만 하면 몇 달 후에는 풍성한 식량을 거둘 수 있게 보였습니다. 그들은 씨앗을 심기 위해 땅을 파기 시작했습니다. 그런데 놀라운 일이 벌어졌습니다. 그 곳에서 황금 덩어리가 발견된 것입니다. 사람들은 흥분하기 시작했고, 더욱이 사방에서 황금이 나오자 모두들 황금을 캐느라 정신이 없었습니다.

몇 달 후에 황금은 산더미처럼 쌓였습니다. 그런데 그들의 식량은 거의 바닥을 드러내고 말았습니다. 그때서야 사람들은 밭에 나가 땅을 일구어 씨를 뿌렸습니다. 그러나 이미 때는 늦었습니다. 파종할 시기를 놓쳐 버린 것입니다. 그들은 산더미처럼 쌓인 황금 덩어리를 바라보며 굶어 죽고 말았습니다.

이 세상 사람들은 놀라운 천국에 대해 관심이 없습니다. 이 세상에서 좋은 집을 사서 이사 갈 준비는 잘해도 마지막 이사지인 천국에 대한 준비는 하지 않는 사람들이 많습니다. 사람들은 이생만을 위해 삽니다. 하지만 천국은 실제로 존재하는 곳입니다. 성경이 분명하게 증거하고 있습니다.

"만일 땅에 있는 우리의 장막 집이 무너지면 하나님께서 지으신 집 곧 손으로 지은 것이 아니요 하늘에 있는 영원한 집이 우리에게 있는 줄 아느니라"(고후 5:1).

예수님은 자신이 직접 처소를 준비하고 계신다고 말씀하셨습니다.

"내 아버지 집에 거할 곳이 많도다 그렇지 않으면 너희에게 일렀으리라 내가 너희를 위하여 거처를 예비하러 가노니 가서 너희를 위하여 거처를 예비하면 내가 다시 와서 너희를 내게로 영접하여 나 있는 곳에 너희도 있게 하리라"(요 14:2-3).

천국이나 지옥에 대해 아무리 부인해도 창조주이신 하나님께서 준비하신 처소를 피할 수 없는 것이 인생입니다. 그럼에도 내일이 내 것인 양 자신 있게 살아가는 당신은 도대체 무슨 배짱으로 살아가고 있습니까? 천국을 예약하십시오. 누구든지 자격이 있습니다. 예수님이 당신의 죗값을 대신 지고 십자가에 죽으신 사실을 인격적으로 받아들이고 주인으로 모시고 살기만 한다면 이 세상에서 미리 천국의 삶을 맛볼 뿐 아니라 죽음 이후의 천국 아파트 분양을 지금 즉시 받을 수 있습니다.

"진실로 진실로 너희에게 이르노니 믿는 자는 영생을 가졌나니"(요 6:47).

이 말씀은 예수님을 믿는 즉시 당신이 천국을 소유할 하나님의 자녀가 된다는 주님의 약속입니다.

말로는 표현할 수 없는 곳

　태어나면서부터 소경된 소년이 있었습니다. 그 소년은 자연의 아름다움과 영광을 볼 수 없었습니다. 그렇지만 어머니는 자연과 사물에 대해 아주 자세하게 설명을 해 주었습니다. 어느 날 명성 있는 안과 전문의를 만나서 수술을 받게 되었습니다. 그 유명한 의사가 수술 성공에 대한 가능성을 제시했기 때문입니다. 수술은 성공리에 끝나고 소년의 눈에는 붕대가 감겨졌습니다. 시간이 지나 붕대를 풀어야 할 시간이 되었습니다. 의사는 한 겹 한 겹 붕대를 풀었습니다. 이윽고 마지막 한 겹이 풀어지고 소년의 눈이 보였습니다. 소년은 눈을 뜨고 사물을 보기 시작했습니다. 신기한 것들을 보고 놀라운 표정을 지었습니다. 잠시 후 창가로 가서 산과 구름, 그리고 아름다운 꽃과 풀과 새들과 나무들을 보며 어머니에게 말했습니다. "어머니 이렇게 아름다운 세상이 있다고 왜 진작 말씀해 주시지 않았나요?" 엄마는 감격의 눈물을 흘리면서 대답했습니다. "얘야 그렇게 이야기 해주었지 그렇지만 어떻게 말로서 표현해 줄 수 있겠니?"

천국을 어떻게 말로 표현할 수 있겠습니까? 아는 지식 내에서 설명할 수 있을 뿐입니다. 우리가 천국에 도착했을 때, 우리가 꿈꾸어 온 모든 것보다 몇 백배, 아니 몇 천배 놀라운 곳일 것입니다. 천국은 예수님께서 우리를 위해 준비한 처소로 그 무엇과 비길 수 없이 아름다운 곳입니다. 하나님께서 만드신 것은 무엇이나 아름답습니다. 꽃, 나무, 산, 바다, 태양, 달 등 그 어느 것 하나라도 아름답지 않은 것이 없습니다. 밤하늘에 떠 있는 별은 얼마나 아름답습니까? 하나님은 미의 하나님이십니다. 이 세상을 아름답게 만드신 하나님께서 천국은 얼마나 아름답게 만드셨겠습니까? 성경은 천국의 아름다움을 요한계시록 21장 18-21절에서 잘 기록하고 있습니다.

천국은 수정처럼 맑은 순금으로 만들어져 있으며 성

벽은 벽옥으로 되어 있고 성벽은 각종 보석이 박혀 있는 주춧돌 위에 세워져 있는데 열 두 주춧돌을 살펴보면, 벽옥, 사파이어, 옥수에메랄드, 홍마노, 홍옥수, 감람석, 녹주석, 황옥, 녹옥수, 청옥, 자수정으로 꾸며져 있으며 천국으로 들어가는 열 두 대문은 진주로 만들어져 있고, 큰 길은 맑은 유리처럼 투명한 순금으로 포장되어 있다고 합니다. 인생은 이 세상에서 끝나는 존재가 아닙니다. 만약 하나님께서 기껏 100년도 살 수 없는 생명만을 주셨다면 참으로 허망하지 않겠습니까? 그러나 많은 사람들이 이 세상만 살고 모든 것을 끝낼 것처럼 살고 있습니다. 성경은 분명하게 말씀하고 있습니다.

"한 번 죽는 것은 사람에게 정해진 것이요 그 후에는 심판이 있으리니" (히 9:27).

심판이 있다는 것은 이 세상의 삶이 끝이 아니라는 말입니다. 그렇다면 천국을 외면하고 사는 삶이 얼마나 바보스런 삶인지 더 이상 말할 필요가 없을 것입니다.

Love Letters to Apartments

죄와 선행

　사람들은 옛 부터 죄 문제를 해결하기 위해 여러 가지 방법을 사용했습니다. 자신이 지은 죄를 회개하기 위해 사용하는 일반적인 방법이 바로 선행이나 수양입니다. 젊어서 지은 죄를 해결하기 위해 노년에 이르러 물질을 자선 사업을 위해 사용하는 사람들이 많이 있습니다. 그러나 그것은 어리석은 생각입니다. 죄를 지은 만큼 선행을 해서 해결될 수 있다는 생각은 대단히 큰 착각입니다. 만약 구제나 자선 사업으로 그 문제를 해결할 수 있다면 돈 없는 자들은 얼마나 억울하겠습니까? 물질 때문에 이 세상에서 소외된 것도 서러운데 내세에서도 같은 대접을 받아서야 되겠습니까?

미국 켄터키 주에 헤이즐 페리스라는 사람이 있었습니다. 이 사람은 아들의 버릇을 고치기 위해 한 방법을 생각해 냈습니다. 아들이 나쁜 짓을 했을 때마다 못을 하나씩 문설주에 박았습니다. 얼마 가지 않아 문설주는 보기 흉한 모습이 되었습니다. 총총히 박힌 못은 분위기를 살벌하게 만들었습니다. 페리스는 아들을 불러 "애야, 보기가 얼마나 흉하니? 앞으로 착한 일을 할 때마다 못을 하나씩 뽑아 주마" 아들은 그 못을 뽑기 위해 열심히 착한 일을 했고, 얼마 후 그 못은 모두 뽑혔습니다. 그런데 못자국은 여전히 그대로 남아 있었습니다. 죄의 흔적은 지울 수가 없습니다. 아무리 선행을 해도 해결되지 않는 것입니다.

어떤 사람을 살인하고 고민을 하던 사람이 죽음에 직면한 사람을 살렸다고 해서 그 죄가 없어지지 않는 것과 같이 선행은 결코 구원의 조건이 될 수 없습니다. 오직 제물이 되신 구원자이신 예수님을 통해서만 구원이 가능한 것입니다. 성경은 선행이나 율법을 통해 구원 얻을 수 없다고 말씀하고 있습니다. 죄를 지었으면 죄의 대가를 반드시 받아야 합니다.

이 세상에서 죄의 대가를 돈으로 해결하려는 사람들

이 있습니다. 이 세상 사람들에게는 통할 수 있지만 하나님 앞에서는 통하지 않습니다. 반드시 죄의 대가를 받아야 하는데, 그 대가를 예수님께서 제물이 되셔서 십자가에 돌아가시므로 해결하신 것입니다. 누가 당신의 죄를 위해 대신 죽어 줄 수 있습니까? 아무도 대신 죽으려고 하는 사람은 없습니다. 오직 예수님만이 대신 죽어 주셨습니다. 석가, 마호멧, 공자, 내 형제, 아내, 자식, 그 누구도 아닙니다. 자신을 위해서도 죽으려고 하지 않는 것이 인생이 아닙니까?

아직도 선행이나 구제, 혹은 수양을 통해서 죄 문제를 해결하려고 한다면 인생 최고의 실수를 범하고 있음을 알아야 합니다. 제물이 없이는 죄 씻음을 받을 수 없기 때문입니다. 오직 예수님만이 우리의 제물이 되심을 알고 그분을 주님으로 모셔야 하는 것입니다.

> "사람이 의롭게 되는 것은 율법의 행위로 말미암음이 아니요 오직 예수 그리스도를 믿음으로 말미암는 줄 알므로 우리도 그리스도 예수를 믿나니 이는 우리가 율법의 행위로써가 아니고 그리스도를 믿음으로써 의롭다 함을 얻으려 함이라 율법의 행위로서는 의롭다 함을 얻을 육체가 없느니라"(갈 2:16).

믿는 자는 죽음도 아름답습니다

인생이 해결할 수 없는 문제가 바로 죽음입니다. 아무리 현대 문명이 발달해도 죽음은 극복할 수 없습니다. 사람들은 태어나는 순간부터 죽음을 향해 달음박질하고 있습니다. 현재의 즐거움과 일에 빠져 죽음을 생각할 겨를도 없이 뛰어 다니다가 죽음이 눈앞에 오면 안타까움과 억울함으로 땅을 치는 사람들이 많이 있습니다. 아무리 외면하고 부인해도 반드시 찾아오는 죽음에 대해 준비할 수 있다면 이는 참으로 지혜로운 사람입니다.

일 벌레처럼 열심히 일하다가, 40대가 지나서 몸이 쇠약해져 죽음이라는 최대의 적을 앞에 두고 두려워 떠는 현대인들이 생각보다 많음은 통계를 통해 알 수 있습니다. 한국인들 가운데도 40대에 죽어 가는 남자가 많다고 하지 않습니까? 인생은 죽음을 준비해야만 하는 존재임에도 불구하고, 영원히 살 것처럼 이 세상에 집착하여 싸우고 미워하고 빼앗고 짓밟는 삶을 살다가 죽음이 오면 후회와 서러움의 눈물을 흘리는 것입니다.

문제는 죽음에 대한 준비입니다. 죽음이 모든 것의 끝이라고 생각하는 사람들에게 있어서는 이 세상이 최고지만, 죽음 이후의 세계를 확신하는 사람들에게 이 세상은 준비의 장소이기에 내세를 위해 최선의 삶을 살려고 노력할 것입니다. 그렇기에 죽음에 임박한 모습은 그 사람의 삶을 가늠해 볼 수 있는 척도가 될 수도 있을 것입니다.

일본의 스즈끼 마사히사 목사는 갑자기 찾아온 재기불능의 병에 대해 이렇게 말했다고 합니다. "나는 지금 이 일에 대해서도 '하나님이 모든 것을 지으시되 때를 따라 아름답게 하셨고' (전 3:11) 라는 말씀을 기억하며 내 생활의 정점으로서 주의 나라를 이같이 깊이 진지하게 생각하는 때를 주신 은혜에 감사하고 있습니다."

사람은 일생 동안 여러 번 죽음을 넘나들며 삶을 유지하지만 반드시 죽음을 인정하고 받아들여야 합니다. 죽음은 결코 끝이 아닙니다. 또 다른 새로움의 시작일 뿐입니다. 그래서 예수님을 믿었던 자들은 죽음 앞에서도 평안함을 소유할 수 있었던 것입니다. 나치스의 총칼 앞에서 죽어가며 "이것이 마지막입니다. 그러나 나에게는 새 생명의 시작입니다"라고 말한 독일의 젊은 신학자 본회퍼의 말은 그리스도인의 죽음의 의미를 설명한 것이라고 할 수 있습니다. 믿음의 사람들에게는 죽음도 아름다운 것입니다.

"만일 우리가 그리스도와 함께 죽었으면 또한 그와 함께 살 줄을 믿노니" (롬 6:8).

누가 당신의 손을 잡고 있나요

어느 추운 겨울날 무디의 사랑스런 어린 딸이 공원으로 눈을 보러 가자고 재촉하자 무디는 딸과 함께 공원으로 산책을 나갔습니다.

"애야, 길이 너무 미끄러우니 아빠가 너를 붙잡아 주마." 무디의 다정한 말에도 딸은 고개를 흔들며 거절했습니다. "싫어요. 나도 걸을 수 있어요 보세요." 아빠의 눈에는 금방이라도 넘어질 것 같았습니다.

얼마 가지 않아서 딸은 눈길 위에 넘어져 엉덩방아를 찧고 말았습니다. "그것 보렴 아빠가 붙잡아 준다고 하지 않았니?" 딸은 아빠에게 붙잡아 달라고 하면서 "아빠가 손가락 하나만 잡아 줘도 갈 수 있어요" 하며 손가락 하나를 내밀었고 무디는 손가락 하나를 잡았습니다. 그러나 몇 발자국 가지 못하고 다시 눈길 위로 넘어지고 말았습니다. 조금 전보다 더 세게 넘어진 딸은 아픔을 호소하는 얼굴로 아빠에게 말합니다. "아빠, 이제는 꼭 잡아 주세요." 딸의 손을 꽉 붙잡은 아빠의 손은 딸이 넘어지려는 순간마다 다시 일으켜 세웠습니다.

자신이 스스로 설 수 있는 존재라고 착각하며 사는 사람들이 얼마나 많습니까? 인생을 살면서 순간순간 이런 착각에 빠짐으로 넘어져서 상처로 인한 아픔을 호소하는 경우가 많습니다. 사람은 넘어지기 전에는 하나님의 손을 필요로 하지 않습니다.

그러나 언제나 필요한 하나님의 손은 우리 곁에서 우리가 손을 내밀기만 기다리고 계시는 것입니다. 하나님의 손은 세상을 만드신 손이며(시편 8:6), 주야로 붙잡아 주시는 사랑의 손(이사야 49:2)을 가지신 분입니다. 항상 도움의 손으로 다가 오셔서(시편 119:173), 병자를 낮게 하는 치료의 손입니다(마태복음 8:3).

믿음은 하나님의 손에 붙잡히는 것입니다. 하나님의 손에 붙잡히지 않고는 어떤 느낌도 소유할 수 없습니다.

일어나는 모든 일이 운명이라고 체념한 채 살아갈 수밖에 없을 것이기 때문입니다. 믿음은 머리로 아는 것이 아닌 구체적인 행위입니다. "우리 자신을 하나님께 맡기지 않은 채 마귀와 싸울 때, 마귀는 우리에게서 도망치는 것이 아니라 오히려 우리에게 달려들어 우리의 마음을 차지하고 말 것이다"라고 한 밴스 하브너의 말처럼, 하나님의 손을 보기만 할 것이 아니라 구체적으로 붙잡아야만 합니다.

아직도 내 뜻과 내 힘으로 살아가려는 마음이 있다면 우리를 향한 주님의 손을 무안하게 만드는 것입니다. 눈을 크게 뜨고 당신 곁을 보십시오! 주님은 이미 손을 내밀고 계실 것입니다.

"너의 행사를 여호와께 맡기라 그리하면 네가 경영하는 것이 이루어지리라" (잠 16:3).

희생의 대가

어떤 젊은 의사가 선교사로 중국에 갔습니다. 중국에
간지 얼마 되지 않아 많은 사람들의 목숨을 빼앗아 가는
무서운 병이 유행처럼 번지기 시작했습니다. 그 당시 중
국은 의학이 발달하지 않아 그 병의 원인조차 규명할 수
없었습니다. 이 의사는 위험을 무릅쓰고 이 병에 대해 연
구하기 시작했습니다. 의학 서적도 없었고 연구실도 없
었으나 환자 한 사람 한 사람을 조사하여 그들의 증상을
노트에 기록하기 시작했습니다. 그리고는 몇 개의 시험
관에 이 병을 일으키는 병균을 담아 미국으로 돌아가는
배를 탔습니다.

그는 뉴욕에 도착하기 직전에 자기 몸에 병균을 옮겨

놓았습니다. 그리고는 홉킨스 병원으로 달려갔습니다. 그는 자신의 몸을 실험 재료로 의사와 의과대학 교수들에게 제시하였던 것입니다. 이 젊은 의사는 병에 걸려 아픔과 고열에 시달리고 의식을 잃는 죽을 고비를 몇 번이나 넘겼습니다. 그 결과 미국의 의사들은 이 병의 치료법을 알아냈고, 이 의사도 하나님의 은혜로 그 병에서부터 살아났습니다. 건강을 찾기가 무섭게 이 젊은 의사는 병의 치료법을 가지고 중국으로 되돌아가서 많은 사람의 생명을 구했다고 합니다. 젊은 의사는 장난으로 이 일에 자신의 몸을 바친 것이 아니었습니다. 자신에게도 심각한 일이었습니다. 사람들은 그 의사의 감동적인 사랑의 이야기를 지금도 기억하고 있다고 합니다.

이처럼 예수님도 자신의 몸을 우리에게 아낌없이 주셨기에 우리 죄가 용서받을 수 있게 된 것입니다. 죄라는 악질적인 병으로부터 놓임 받게 된 순간 우리에게는 하나님의 자녀가 되는 축복과 함께 천국을 소유할 수 있는 천국 시민권까지 허락 받으므로 참으로 큰 축복을 함께 소유하게 된 것입니다. 예수님의 대가는 참으로 큰 대가였습니다. 전 인류가 도무지 해결할 수 없는 죄라는 악질적인 병에서부터 벗어날 수 있는 인류 최고의 기쁜 소식이었기 때문입니다.

이 무서운 병에 대한 치료법을 혼자만 알고 있다면 그것은 대단히 큰 범죄일 것입니다. 예수님이 인간의 사망 문제를 해결하실 수 있는 분이라는 사실을 알기에 그 주님을 소개하고 전하지 않을 수 없는 것입니다. 예수님도 한 영혼의 중요성 때문에 성경 여러 곳에서 이 기쁜 소식을 전할 것을 강력하게 권고하셨습니다. 특히 사도 바울은 "내가 복음을 전할지라도 자랑할 것이 없음은 내가 부득불 할 일임이라 만일 복음을 전하지 아니하면 내게 화가 있을 것이로다" (고전 9:16) 라고 복음 증거의 중요성을 고백하였습니다.

예수님의 희생은 헛되이 여길 수 없는 최고의 가치로, 이 축복을 받지 못한 사람은 하나님의 심판대 앞에서 깨닫지 못하고 진지하지 못했던 자신을 영원히 저주할 수밖에 없을 것입니다.

큰 실수를 저지를 뻔하였군요

예수님을 영접하면 하나님의 자녀가 되는 권세를 얻게 됩니다. 영접이란 마음을 그분으로 가득 채우는 것입니다. 인생을 주님과 함께 한다면 인생은 아름다워질 수밖에 없습니다. 예수님은 하나님이십니다. 그런데 그분의 손에 내 인생을 맡겨 그분의 뜻대로 산다면 얼마나 멋있는 삶을 살겠습니까?

유태계 독일인으로 크리스천이었던 세계적인 음악가 멘델스존(1809-1847)이 하루는 후리드버그라는 곳의 오래된 예배당을 방문하였습니다. 그 예배당에는 거대한 파이프 오르간이 있었는데, 멘델스존은 그 오르간을 연주하고 싶었습니다. 관리자인 늙은 노인에게 오르간을 한 번 연주하면 안 되겠느냐고 부탁을 하자 노인은 못 마땅히 여기며 거절하였습니다. 멘델스존은 진지하게 한 번만 연주할 것을 다시 간청하자 노인은 마지못해 한 번 쳐보라고 했습니다.

멘델스존이 파이프 오르간 앞에서 연주를 시작했습니다. 그의 손과 발이 오르간에 닿자 자연의 아름다움을 압도하는 선율이 큰 예배당 안을 채워서 아름다운 감격이 넘실거리는 파도처럼 되었습니다. 꿈과 같은 시간이 지나고 오르간을 연주하던 멘델스존의 손이 멈추자 음악에 취하여 멍하니 서 있던 노인이 물었습니다. "선생님은 도대체 누구십니까?" "네, 저는 멘델스존입니다." 깜짝 놀란 노인이 말했습니다. "하마터면 제가 큰 실수를 저지를 뻔했군요. 당신 같은 위대한 음악가에게 이 오르간을 만지지도 못하게 할 뻔했군요."

인생이 하나님의 손에 의해 만져질 때 아름다운 인생의 연주가 시작될 것입니다. 왜 당신은 살아 계신 하나님께 맡기지 못합니까? 인생을 가장 아름답게 연주할 수 있는 분은 인생을 창조하시고 인간의 생사화복을 주장하시는 하나님뿐입니다. 그분께 인생의 연주를 맡기기를 원

31

하십니까? 지금 이 시간 예수님을 구주로 영접하십시오. 주님께서는 즉시 당신의 삶을 연주하기를 원하십니다. 주님께 마음의 문을 여는 데는 그 어떤 장애물도 있을 수 없습니다. 당신의 선행이나 노력이 필요하지 않습니다. 물질적인 기여도가 아무런 도움이 되지못합니다. 당신의 사회적인 기반을 필요로 하지 않습니다. 단지 이 시간 예수님께서 당신의 죗값을 치르기 위해 대신 죽으시고 살아나신 구세주이심을 믿고 당신의 삶 속에 주인이 되어 달라고 원하기만 하면 주님은 당신의 삶을 너무나 멋있게 연주해 주실 것입니다.

"볼지어다 내가 문밖에 서서 두드리노니 누구든지 내 음성을 듣고 문을 열면 내가 그에게로 들어가 그와 더불어 먹고 그는 나와 더불어 먹으리라"(계 3:20).

어떤 준비도 필요하지 않습니다. 지금 바로 예수님을 영접하십시오.

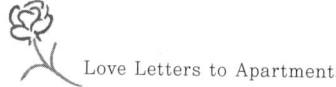
Love Letters to Apartments

누가 당신을 진정으로 사랑합니까?

　사람들은 사랑 없이 살 수가 없습니다. 어려서는 부모의 사랑을 받고 자라지만 성장해서는 나름대로 사랑의 대상을 찾아 나섭니다. 그러나 진정 사랑해 줄 수 있는 사람을 찾기란 정말로 어렵습니다.

　부모의 반대를 무릅쓰고 죽고 못 산다며 결혼을 하고서는 얼마 가지 않아 사소한 문제를 극복하지 못하고 원수처럼 헤어지는 젊은이들이 갈수록 늘어나고 있습니다. 누가 자신의 생명까지 바쳐 가며 아낌없이 사랑할 수 있습니까? 누가 당신의 마음을 진정한 사랑으로 위로해 줄 수 있습니까? 만약 생명까지 희생하며 사랑해 줄 수 있는 사람을 찾는다면 그 사람은 정말 당신을 사랑하는 사람이라고 말할 수 있을 것입니다.

멕시코의 나코자리 라는 작은 탄광촌에서 있었던 일입니다. 1907년도 저물어 가는 11월 어느 날 가르시아라는 기관사가 기차를 세우고 쉬고 있었습니다. 그가 몰고온 기차에는 탄광촌에 필요한 다이너마이트를 가득히 싣고 있었습니다. 갑자기 사람들의 웅성거리는 소리에 밖을 내다보니 뒤에 달린 화물칸에서 불길이 치솟고 있었습니다. 불길이 서서히 다이너마이트를 실은 화차로 옮겨가고 있었습니다. 기차역은 순식간에 아수라장이 되고말았습니다. 만약에 다이너마이트를 실은 열차가 폭발하면 탄광촌 나코자리는 폐허가 될 뿐 아니라 수많은 사람의 사상자가 날 것이 틀림없었습니다.

그런데 갑자기 기차가 움직이기 시작했습니다. 기관사 가르시아가 기관차의 손잡이를 잡고 기차를 움직이기시작한 것입니다. 화염에 쌓인 열차는 속력을 내며 역 구내를 지나 마을 어귀를 빠져나갔습니다. 기관차의 기적소리가 사람들의 귀에서 멀어져 가고 있을 때, 천지를 뒤흔드는 폭음이 나코자리 마을을 뒤흔들었습니다. 기차가마을을 벗어나자마자 산산조각이 난 것입니다. 기관사

가르시아도 기차와 함께 형체를 찾을 수 없을 만큼 비참한 죽음을 맞이하였습니다. 가르시아의 장렬한 죽음이 나코자리 마을을 구한 것입니다. 나코자리 마을 사람들은 지금도 기관사 가르시아의 이름을 기억하며 그들의 구원자였던 사랑의 사람이었다고 기억하고 있습니다.

예수님께서도 우리의 죄를 위해 대신 십자가에 돌아가셨습니다. 우리에게 영원한 생명을 주시기 위해서 말입니다. 생명까지 아낌없이 주신 예수님은 오늘도 영원한 위로자로서 당신을 향해 사랑과 평안을 준비하고 부르고 계십니다.

"여호와께서 자기 백성에게 힘을 주심이여 여호와께서 자기 백성에게 평강의 복을 주시리로다" (시 29:11).

"모든 지각에 뛰어난 하나님의 평강이 그리스도 예수 안에서 너희 마음과 생각을 지키시리라" (빌 4:7).

Love Letters to Apartments

깨어진 환상

오래 살기 위해 사람들은 많은 노력을 하고 있습니다. 새벽부터 일어나 맑은 공기를 마시며 운동하는 사람들을 어렵지 않게 찾아볼 수 있습니다.

사람은 살아야 하는 이유가 있습니다. 태어났기 때문에 어쩔 수 없이 살다가 때가 되면 흙으로 돌아간다면 참으로 허무한 일이 아닐 수 없습니다. 성경에는 므두셀라라는 사람이 969년을 살았다고 기록하고 있습니다. 그러나 그가 어떤 삶을 살았다는 기록은 찾아볼 수 없습니다. 많은 사람들이 생의 연수만 채우고 갑니다. 이것 저것 기웃거리며 목표와 소망을 수시로 바꾸며 살다가 죽어 가는 것입니다.

데이비드 허버트 로렌스가 지은 「아들과 연인」 이라는 책에는 이런 내용이 담겨져 있습니다. 지적이며 세련된 상류풍의 교양을 갖춘 여인 거둘루드는 광부를 남편으로 맞이합니다. 그녀는 나름대로 지적인 속박에 얽매이지 않고 생명력 넘치는 남자를 선택하였다고 생각하였습니다. 그의 환상은 얼마 가지 않아 깨어지고 두 사람의 부부 싸움은 그칠 줄 몰랐습니다. 그녀는 남편에 대한 모든 기대를 버리고 큰 아들 윌리암에게 희망을 걸고 살게 됩니다.

큰 아들은 런던으로 나가 직업을 갖고, 약혼녀를 데리고 의기양양하게 고향을 찾아오지만 폐렴에 걸려 갑자기 죽고 맙니다. 너무나 큰 충격을 받은 거둘루드는 둘째 아들 폴에게 모든 사랑과 기대를 겁니다. 폴은 얼마 동안은 좋은 직장인 노팅엄 회사에 입사하고, 전람회에 입상하여 어머니의 기대에 보답합니다. 그러나 폴이 결혼 생활에 실패하고 방황하는 모습은 그녀를 참으로 괴롭게 만들었습니다. 둘째 아들 폴이 25세 되던 해에 그녀는 모든 희망을 빼앗긴 채 쓸쓸하게 죽어 갑니다.

살기 위해 노력하고 기대감과 희망을 품고 살지만 한

순간에 다가오는 패배감과 배신감으로 이를 가는 사람이 얼마나 많습니까? 인생은 혼자서 계획하고 생각할 수 있지만 그 결과에 대해서는 예측할 수 없습니다. 사람들은 자신이 대단한 존재인 것처럼 착각하며 삽니다. 어떤 사람은 스스로 하나님처럼 행동합니다.

그러나 인간의 행복은 창조주이신 하나님의 손에 달려 있습니다. 인간을 만든 하나님만이 인간에게 복을 주실 수 있기 때문입니다. 아직도 당신 스스로 행복할 수 있다고 생각하고 있습니까? 착각에서 벗어나십시오. 인생의 소망은 오직 하나님이십니다.

"여호와를 바라고 그 도를 지키라 그리하면 네가 땅을 차지하게 하실 것이라 … "(시 37:34).

Love Letters to Apartments

기막힌 광경

십자가에 아들을 못 박은 하나님의 사랑은 말로 표현할 수 없는 사랑입니다. 자신을 저주하는 그 백성들의 죄를 짊어지고 죽으신 것입니다.

누가복음 23장 34절은 예수님께서 십자가에 달려서 하신 말씀과 예수님을 죽인 원수들의 모습이 기록되어 있습니다.

"이에 예수께서 이르시되 아버지 저들을 사하여 주옵소서 자기들이 하는 것을 알지 못함이니이다 하시더라 그들이 그의 옷을 나눠 제비 뽑을 새."

십자가에 죽으시면서 까지 하나님께 백성들의 죄를

용서해 달라고 기도하고 계시는 예수님의 그 사랑과는 대조적으로 십자가 밑에서는 기막힌 광경이 일어나고 있습니다.

옛날 말과 마차가 다니던 시절에 존이라고 하는 청년이 젊고 아름다운 여성 메어리와 결혼하기로 약속이 되어 있었습니다. 어느 날 존이 길모퉁이에 서 있는데, 고삐 풀린 말이 미친 듯이 마차를 끌고 길 아래로 질주하는 것이었습니다. 그런데 그 마차 속에는 약혼녀 메어리가 타고 있었습니다. 이 청년은 생각할 겨를도 없이 뛰쳐나가 말 고삐를 잡고 늘어졌습니다. 이 청년은 말에게 한참 동안 끌려갔고 말과 마차는 멈추었습니다.

그러나 이 청년의 몸은 피투성이가 되어 있었고 말발굽에 너무 많이 밟히고 마차에 부딪치므로 인해 만신창이가 되었습니다. 약혼녀가 이 광경을 보고 마차에서 뛰어내려 존에게 달려갔습니다. 존을 마지막 숨을 몰아쉬며 말했습니다. "메어리 정말 사랑해." 그리고는 숨을 거두고 말았습니다.

말이 미친 듯이 날뛰며 죽음을 향해 달려가듯이 죄는 사망과 지옥을 향해 달려갑니다. 우리도 이처럼 죄의 마차를 타고 죽음을 향해 달려가고 있었습니다. 그런데 예수님은 자신의 몸을 돌보지 않으시고 골고다에서 우리를 대신하여 십자가에서 죽으신 것입니다.

예수님은 하늘의 영광을 버리시고 이 땅에 오셔서 치욕과 수모를 당하셨지만 여전히 최고의 사랑으로 지금도 죄인들을 부르고 계십니다.

Love Letters to Apartments

살아 있다는 감격

　살아 있다는 것은 감사한 일입니다. 우리 몸은 살기 위해 여러 지체가 일을 하고 있습니다. 몸속에 혈액은 하루에 일억 육천팔백만 마일을 달립니다. 그리고 심장은 십만 칠백 번 정도 뛰고 있으며 하루에 뇌세포를 자그만치 칠백만 개를 사용하고 있습니다. 또한 하루 동안에 숨을 이만 삼천 사십 번을 쉬어야만 살아갈 수 있습니다. 생명은 저절로 주어지는 것이 아닙니다. 느낄 수 없는 세밀한 수고의 집합체입니다.

　사람들은 평소에는 삶의 감격을 느끼지 못합니다. 그러나 생명의 한계를 느끼는 순간부터 살아 있다는 것 자체가 큰 감격이라는 것을 느끼게 됩니다. 살아 있다는 감격을 가지면 하나님에 대해 생각하게 됩니다. 하나님께서 창조하신 사람은 걸 작품입니다. 그 걸 작품을 백 년 남짓 세상에서 살다가 일생을 완전히 끝내도록 만드셨다고 생각하지 마십시오. 이는 하나님에 대한 대단한 모욕입니다. 비록 이 세상에서는 백년 남짓한 시간이지만 천국을 준비하시므로 사람을 영원히 살 수 있는 존재로 만드셨다는 것입니다.

많은 사람들이 육체적인 죽음으로 모든 것이 끝난다고 생각하며 삽니다. 그래서 이 세상에다 모든 시간과 정력을 투자합니다. 그러다가 어떤 이는 나름대로 성취감을 얻고, 어떤 이는 분노와 좌절의 패배감으로 세상을 저주하기도 합니다. 그러나 이 세상에 모든 승패를 거는 사람은 조급하고 불안해질 수밖에 없습니다. 그러나 하나님께서 세상을 만드신 이치를 알고 세상을 살면 삶이 평안하고 풍요로워집니다. 예수님은 세상 사람들에게 이런 말씀을 하셨습니다.

"수고하고 무거운 짐 진 자들아 다 내게로 오라 내가 너희를 쉬게 하리라" (마 11:28),

"나의 평안을 너희에게 주노라 내가 너희에게 주는 것은 세상이 주는 것과 같지 아니하니라 너희는 마음에 근심하지도 말고 두려워하지도 말라"(요 14:27).

많은 사람들은 이 말씀을 외면하며 비웃기도 합니다. 그러나 예수님을 믿은 분들은 주님의 말씀을 뼛속 깊이 실감하며 삽니다.

하나님은 인생에게 산 자의 감격을 누리며 살기를 원하십니다. 그래서 예수님을 이 땅에 보내 주셨고 우리의 죄를 대신 짊어지고 죽으셨을 뿐 아니라 삼일 만에 부활하시므로 죄로부터의 해방과 함께 살아 있는 감격을 함께 누리기를 원하고 계신 것입니다. 예수님의 부활은 사람이 영원히 산 자의 감격을 누리며 살아야 할 존재임을 깨우쳐 주신 역사상 최고의 사건인 것입니다.

"예수께서 이르시되 나는 부활이요 생명이니 나를 믿는 자는 죽어도 살겠고 무릇 살아서 나를 믿는 자는 영원히 죽지 아니하리니 이것을 네가 믿느냐"(요 11:25-26).

Love Letters to Apartments

거울 속의 나

옛날 어떤 왕이 매일 여러 가지 장식이 달린 눈부신 의복을 입고 거울 앞에서 자신의 사치스러운 모습을 보며 자랑했습니다. 백성들은 굶주렸지만 왕은 자기만을 생각했습니다. 어느 날 시종은 왕이 매일 들여다보는 거울을 치워 버렸습니다. 다음날 왕이 자기의 모습을 보려고 거울을 찾았으나 거울은 보이지 않고 거울이 있던 자리에는 창문이 있었습니다. 왕은 창문을 통해 거리를 오가는 사람들을 볼 수 있었습니다.

창문 밖을 오가는 사람들은 지치고 굶주린 모습이었습니다. 창백한 여인과 굶주린 아이를 보았고, 먹을 것을 찾으며 쓰레기통을 뒤지는 아이들과 허리가 구부러진 노인들도 볼 수 있었습니다. 백성들의 초라한 모습을 본 왕은 자기의 화려한 의복을 벗어버리고 평민들이 입는 소박한 옷으로 갈아입었습니다. 그리고 백성들 가운데로 나아가 그들의 소리에 귀를 기울여 그들의 아픔을 함께 나누었다고 합니다.

오늘날 많은 사람들은 오직 자기만을 바라보며 살고 있습니다. 사람이 자신만을 바라보고 관심을 쏟고 있는 동안은 그 무엇도 볼 수 없고 어떤 소리도 들을 수 없습니다. 자신에게만 관심을 가지느라 욕심과 이기심으로 똘똘 뭉친 사람들은 예수님이 보이지 않습니다. 예수님의 음성도 들리지 않습니다. 사람에게는 언제까지 기회가 있는 것이 아닙니다. 당신도 자신만을 보느라 정신없는 삶을 살고 있지는 않습니까?

영국 케임브리지 대학 교수를 지낸 찰스 킹슬리는 아름다운 삶을 누린 사람이었습니다. 그는 그의 삶의 비결을 이렇게 말했습니다. "내게는 친구 한 분이 있었습니다. 그 분은 다름 아닌 예수 그리스도였습니다."

끝으로 예수님을 만났던 사람들도 한 결 같이 이렇게 말합니다. "예수님 그 분은 제가 안 것이 아니라 예수님께서 저를 찾아 불러 주셨습니다."

사랑하는 여러분! 예수님께서는 분명 당신을 먼저 찾고 계심을 기억하셔야합니다.

"너희가 내 안에 거하고 내 말이 너희 안에 거하면 무엇이든지 원하는 대로 구하라 그리하면 이루리라" (요 15:7).

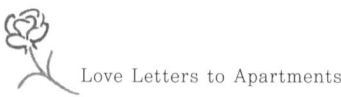
Love Letters to Apartments

어떤 가족 이야기

구세군을 만든 윌리암 부드가 어떤 가족에 대한 이야기를 한 적이 있습니다. 런던에 살고 있던 이 가족은 예수님에 대해 알기를 거부했습니다. 그들은 그리스도인들에 대해 너무나 적대감을 가지고 있었기에 그리스도인들이 자기 집 대문을 넘는 것조차 허락하지 않았습니다.

어느 날 이 가정이 예수 믿기를 원하며 오랫동안 기도한 한 소녀가 이 집 아들이 병들어 누웠다는 소식을 듣고 주위 사람들의 반대를 무릅쓰고 이 집을 찾아가기로 결심했습니다. 소녀는 집 대문 가까이 가서 잠시 안의 동정을 살폈습니다. 그 때 안에서 아버지의 굵은 음성이 들려 왔습니다. "애야, 마음을 굳게 먹어라. 그리고 꼭 붙잡아라.

네가 혹 죽을지도 모르지만 죽음 뒤에는 아무 것도 없단다. 우리가 여러 가지 책을 보았지만 죽음 뒤에는 아무 것도 없어. 이제 조금만 있으면 평안한 잠속으로 빠져들 거야 그것이 사람의 끝이란다. 그러나 마음을 굳게 먹어야해."

잠시 후 어머니가 흐느끼며 말했습니다. "사랑하는 아들아 네가 떠나는 것을 보니 가슴이 찢어지는구나. 그러나 두려워하지 말아라 우리가 내세의 가능성에 대해 다 알아보았지만 죽고 나면 아무것도 없단다. 그저 편안하게 잠드는 거야 아무 생각 말고 꼭 붙잡아라."

조금 후에 그의 누나의 소리가 들렸습니다. "마음이 흔들려서는 안 돼. 우리는 오래 전부터 죽음 후에는 아무 것도 없다는 결론을 내렸잖아? 넌 이제 곧 잠들게 될 거야. 그것이 전부야 꼭 붙잡도록 해."

마지막으로 죽어 가는 아들의 절망과 슬픔에 가득 찬 목소리가 가늘게 들려 왔습니다. "알겠어요. 하지만 내가 꼭 붙잡을 게 아무것도 없잖아요? 나는 암흑 속으로 들어갈 텐데 암흑 속에서 내가 무엇을 붙잡을 수 있나요."

참으로 무책임한 인생을 산 사람들의 이야기입니다.

사람은 기계처럼 백년 정도 살다가 기계가 마모되면 고물이 되어 쓰레기장으로 들어가는 존재가 아닙니다.

하나님께서는 영혼을 주셨습니다. 그런데 영혼은 짐승에게는 없고 사람에게만 있습니다. 짐승은 먹고 자고, 주어진 시간만을 보내다가 죽어 갑니다. 영혼 없는 짐승처럼 살다가 죽어 간다면 이는 참으로 허무한 일입니다.

죽음은 끝이 아니라 새로운 시작입니다. 죽음의 건너편까지 여러분의 손을 잡아 주실 분은 예수님 밖에 없습니다. 우리를 대신해서 십자가에 죽으시고 살아나신 예수님의 손을 잡지 않은 사람은 죽는 순간 아무것도 잡을 수가 없습니다. 예수님만이 우리의 손을 잡고 천국으로 인도하실 분이기 때문입니다.

지금 이 시간도 늦지 않습니다. 예수님을 믿기로 고백한다면 당신은 천국을 소유한 사람으로서의 확신에 찬 삶을 살게 될 것입니다. 예수님의 말씀입니다.

"너희는 마음에 근심하지 말라 하나님을 믿으니 또 나를 믿으라 내 아버지 집에 거할 곳이 많도다 … 내가 너희를 위하여 거처를 예비하러 가노니 가서 너희를 위하여 거처를 예비하면 내가 다시 와서 너희를 내게로 영접하여 나 있는 곳에 너희도 있게 하리라"
(요 14:1-3).

지옥문을 결사적으로 막고 계신 분

스코틀랜드 북부 지방에서 있었던 일입니다. 깊은 계곡을 가로질러 높은 철교가 있었습니다. 어느 날 밤 심한 폭풍우로 계곡 물이 넘쳐 철교의 중앙 부분이 급류에 휩쓸려 떠내려가고 말았습니다. 아침 일찍 양치는 소년이 부서진 교각을 발견하였습니다. 만약 기차가 이곳을 지나간다면 수많은 승객이 계곡의 깊은 물속에 빠져 모두 죽게 되는 대형 사고가 일어날 것입니다.

소년은 기차가 오고 있는 쪽으로 달려갔습니다. 기차가 달려오는 것을 발견한 소년은 자신의 옷을 벗어서 철로 가운데서 미친 듯이 흔들었습니다. 기관사는 소년을 발견하고 빨리 철로를 벗어나라고 호각을 불었으나 소년은 꼼짝하지 않고 옷을 더욱 세차게 흔들었습니다. 기관사는 소년이 물러나지 않자 급하게 브레이크를 밟았습니다. 기차가 정차한 후 승객들이 무슨 일인가 하여 기차 바깥으로 나와서 자신들의 바로 눈앞에 죽음이 다가와 있었음을 알고는 덜덜 떨며 하얗게 질리지 않을 수 없었습니다.

부서진 철교 밑으로 흐르는 급류는 단 한 명의 승객도 놓아주지 않고 삼켰을 것이라는 사실을 그들은 누구보다 잘 알 수 있었기 때문입니다. 그 때 기관사가 큰 소리로 외쳤습니다. "이쪽으로 와서 우리의 생명을 구해 준 위대한 소년을 보시오." 기차 뒤에는 한 소년이 형체를 알아보지 못할 정도의 모습으로 갈기갈기 찢겨 비참하게 죽어 있었습니다. 기관사는 브레이크를 밟는 시기를 놓쳤고 결국 소년은 기차에 치어 죽고 만 것입니다.

예수님은 결사적으로 우리가 지옥으로 가는 것을 막으셨습니다. 그래서 우리 대신 죄의 짐을 짊어지고 죽으셨습니다. 우리가 할 수 없는 일을 하신 예수님이 바로 내 죄를 대신해서 십자가에 죽으셨음을 믿기만 한다면 하나님은 우리에게 천국을 주시기로 약속하셨습니다.

천국은 예수님 때문에 쉽게 갈 수 있습니다. 그런데 아직도 자신의 공로나 노력으로 가려는 어리석은 자가 얼마나 많은지 모릅니다.

> "내가 복음을 부끄러워하지 아니하노니 이 복음은 모든 믿는 자에게 구원을 주시는 하나님의 능력이 됨이라" (롬 1:16).

> "내가 진실로 진실로 너희에게 이르노니 내 말을 듣고 또 나 보내신 이를 믿는 자는 영생을 얻었고 심판에 이르지 아니하나니 사망에서 생명으로 옮겼느니라" (요 5:24).

당신도 지금 이 시간 예수님을 믿기로 결단한다면 그 어떤 절차도 필요 없이 단지 믿음으로 구원을 받게 될 것입니다.

Love Letters to Apartments

찰나의 인생

미국의 어떤 청년이 도로를 건너고 있었습니다. 갑자기 대형 트럭이 청년을 덮쳤으나 옆에 있던 신사가 재빨리 밀치는 바람에 목숨을 구했습니다. 너무나 놀란 청년은 얼떨결에 신사에게 "고맙습니다"라는 말 한마디만 남기고 군중 속으로 가 버렸습니다. 이 모습을 본 사람들은 자신의 생명을 구해 준 은인에게 어떻게 저런 의례적인 말 한마디로 끝낼 수 있느냐고 혀를 내 두르며 고개를 흔들었습니다.

이 일이 있은 후 그 도시에서 살인 사건으로 재판이 열렸습니다. 판사가 판결을 하기 직전에 죄인인 청년에게 "마지막으로 할 말이 있으면 하라"고 하였습니다. 청년이

"판사님 저를 아시지요?" 라고 묻자 판사는 대답했습니다. "미안하지만 나는 자네를 기억할 수 없네." 그러자 청년이 말했습니다. "얼마 전 대형 트럭이 저를 덮쳤을 때 저를 구원해 주시지 않으셨습니까? 판사님 오늘도 저를 좀 구원해 주세요." 법정 안은 긴장감으로 가득 찼습니다. 법관이 무슨 말을 할 것인지 모두 귀를 기울이고 있었습니다.

이윽고 판사가 입을 열었습니다. "젊은이, 이제야 기억이 나는군! 그러나 그 날에는 내가 자네의 구세주였지만 오늘은 내가 자네의 심판주임을 명심하게!"

사람들은 예수님을 언제까지나 마음씨 좋은 구세주로 생각합니다. 그러나 어느 날 예수님은 심판주로서 우리에게 나타날 것입니다. 사람은 자신의 삶에 대해 책임을 져야 합니다. 그 누구도 자신의 삶에 대해 말하지 않기를 바라며 살지만, 예수님은 모든 사람의 삶에 대해 명확하게 집고 넘어가실 것입니다. 문제는 오늘이 기회입니다. 내일은 우리의 시간이 아닙니다.

하나님은 시간을 예약제로 우리에게 주신 것이 아니라 지금이라는 찰나만을 주셨음을 기억해야 합니다. 사람들은 너무나 내일을 신뢰합니다. 그래서 무슨 일이든 내일 하겠다고 말합니다. 인생이 아무리 즐거워도 미래는 신뢰하지 말아야 합니다. 살아 있는 지금 우리는 행동해야 합니다.

지금이야말로 결정적으로 중요한 시기입니다. 하나님은 성경을 통해 이런 말씀을 하셨습니다.

"오늘 너희가 그의 음성을 듣거든 광야에서 시험하던 날에 거역하던 것 같이 너희 마음을 완고하게 하지 말라" (히 3:7-8).

이 시간 예수님은 모든 사람들에게 간절히 부탁하고 있습니다.

"내가 진실로 진실로 너희에게 이르노니 내 말을 듣고 또 나 보내신 이를 믿는 자는 영생을 얻었고 심판에 이르지 아니하나니 사망에서 생명으로 옮겼느니라" (요 5:24).

예수님은 지금 이 시간 당신을 기다리고 있습니다.

Love Letters to Apartments

아직도 혼자입니까?

호화 여객선이 바다 위에서 갑자기 풍랑을 만났습니다. 승객들은 모두 놀라서 안절부절 못하고 있었습니다. 그러나 선장의 어린 딸은 아무렇지도 않다는 듯이 인형을 가지고 침착하게 놀고 있었습니다. 이상하게 여긴 사람들이 "너는 무섭지 않니?"라고 묻자 선장의 어린 딸은 차분하게 말했습니다. "두려울 게 없어요. 우리 아빠가 이 배를 운전하고 계시니까요."

하나님은 이 세상을 운전하고 계십니다. 어떠한 인생의 폭풍도 하나님께서 운전하고 계심을 믿는다면 두려워할 필요가 없습니다. 오늘날 이 세상 사람들이 왜 이렇게 두려워하고 불안해합니까? 이는 하나님을 모르기 때문입니다. 하나님은 멀리 있는 하나님이 아닙니다. 단지 비나 눈을 내리시며 이 세상의 해와 달을 운행하시는 정도의 하나님이 아니십니다. 하나님의 관심은 사람입니다. 바로 당신입니다.

이 세상의 모든 사람을 하나님은 자녀로 삼으시기를 원하십니다. 예수님이 인간의 죄를 대신 짊어지신 구세주이시며 살아 계신 하나님의 아들이심을 믿기만 한다면 그 어떤 공로나 선행이 없어도 하나님은 당신을 하나님의 자녀로 입적시켜 주십니다.

"영접하는 자 곧 그 이름을 믿는 자들에게는 하나님의 자녀가 되는 권세를 주셨으니"

요한복음 1장 12절에 기록된 하나님의 약속입니다. 하나님은 그의 자녀들이 염려하고 걱정하는 것을 원치 않으십니다. 하나님은 인생의 어떤 어려움까지도 책임져 주기를 원하십니다.

"강하고 담대하라 두려워하지 말며 놀라지 말라 네가 어디로 가든지 네 하나님 여호와가 너와 함께 하느니라 하시니라" (여호수아 1:9).

"아무것도 염려하지 말고 다만 모든 일에 기도와 간구로 너희 구할 것을 감사함으로 하나님께 아뢰라 그리하면 모든 지각에 뛰어난 하나님의 평강이 그리스도 예수 안에서 너희 마음과 생각을 지키시리라" (빌 4:6-7).

하나님은 모든 인생의 하나님이 되기를 원하십니다. 그리고 사랑하는 아버지가 자녀의 염려를 보고 내버려 둘 수 없는 것처럼 하나님도 그의 자녀 된 자들의 염려를 보고만 계시지 않습니다. 묻습니다. 당신은 자녀 된 축복을 누리며 삽니까? 아니면 아직도 혼자입니까?

Love Letters to Apartments

허 참 딱한 사람이네

1993년도에 스웨덴에서 여객선을 타고 핀란드로 여행할 때의 일입니다. 각국의 사람들을 태운 호화 여객선은 큰 호텔 이상의 시설을 갖추고 있었습니다. 일행은 북구의 아름다운 경치에 감탄하며 여행을 하였습니다. 특히 기억나는 것은 12시간 이상 배를 타는 중에 두 번의 식사는 즐거운 시간이었습니다. 저녁 식사는 뷔페식으로 준비되어 있었습니다.

한국에서 간 일행들은 특히 연어 회를 싫증나도록 먹었습니다. 한국에서 구경하기 어려운 북구의 싱싱한 연어 회를 보고 그냥 지나칠 멍청이들은 없었기 때문입니다. 외국인들은 한국인들이 연방 연어 회를 접시에 산더미처럼 담아서 식탁으로 나르는 것을 보며 눈이 휘둥그레지며 혀를 내두르는 것을 볼 수 있었습니다. 이미 뱃삯에다 포함된 식사였기에 누구의 눈치도 아랑곳하지 않고 배 속으로 열심히 밀어 넣었습니다.

사람은 참으로 계산적입니다. 그러나 어떤 경우는 계산이 너무 밝아서 어리석게 사는 사람도 많습니다. 어느 가난한 청년이 세계 여행을 위해 푼푼이 모은 돈으로 뱃삯을 지불하고 배를 타고 여행을 하게 되었습니다. 청년은 세계 일주에 필요한 것을 준비하면서 먹는 것은 일반적으로 널리 애용하는 빵과 치즈를 준비하였습니다. 평소에는 준비한 빵과 치즈를 먹고 별식을 먹고 싶을 때만 음식을 사 먹기로 하였습니다. 하루는 선실 내의 식당 근처를 지나는데 비프스테이크 냄새가 코를 찔렀습니다. 그는 별식을 해야겠다고 생각하고 식당에서 나오는 사람에게 물었습니다. "비프스테이크 가격이 얼마인가요?" 그 사람은 "글쎄요 잘 모르겠네요"라고 대답했습니다. "아니 금방 드시고도 가격을 모릅니까?" "당신 참 이상하군요? 메뉴가 비프스테이크라서 먹은 것뿐인데 왜 값을 자꾸 물어 보세요." 화가 난 청년이 선객에게 따지고 물었습니다. "음식 값 물은 것을 가지고 왜 그렇게 짜증을 내세요? 사람을 깔봐도 분수가 있지!" 그러자 선객이 말했습니다. "허 참 딱한 사람이네 우리가 이미 뱃삯을 낼 때 음식 값이 포함되어 있어서 메뉴에 따라 먹은 것뿐인데 무슨 값이 있단 말이오?"

청년은 이 사실을 잊어버리고 10일 동안 빵과 치즈만 먹은 것입니다. 생각하면 억울하고 분한 일이 아닐 수 없습니다. 어쩌면 많은 인생이 이처럼 착각하며 살아가면서도 옳게 사는 것으로 생각하는지도 모릅니다.

하나님께서 인생에게 주신 영혼의 중요성을 외면하며 사는 자는 인생에게 모든 복을 주시는 하나님을 알 수도 만날 수도 없습니다. 영혼은 가장 가치 있는 것입니다. 영혼을 통해 하나님을 만나고 구원을 얻기 때문입니다.

착각하지 마세요. 무엇이 중요한지, 인생은 육적인 존재가 아니고 영적인 존재임을 기억하십시요!

"몸은 죽여도 영혼은 능히 죽이지 못하는 자들을 두려워하지 말고 오직 몸과 영혼을 능히 지옥에 멸하실 수 있는 이를 두려워하라" (마 10:28).

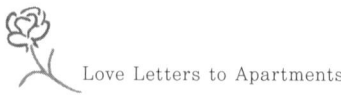

당신은 무엇을 뿌리고 있습니까?

모든 종교에는 부활이 없습니다. 그러나 기독교는 부활이 있습니다. 인생이 죽음으로 모든 것이 끝나며 그 다음의 세계가 어떤 것인지를 모른다면 사람이 동물과 다를 바 없을 것입니다.

그러나 영원히 살 수 있는 존재가 바로 인간입니다. 그 근거는 인간에게 영혼이 있다는 사실을 통해 알 수가 있습니다. 영혼이 있기에 사람은 하나님을 찾습니다. 그러나 영혼이 있음을 알지 못하고 사는 사람은 육체적인 만족만을 추구합니다. 성경은 육체적인 만족만을 추구하며 사는 사람들의 특징에 대해 정확하게 기록하고 있습니다.

"육체의 일은 분명하니 곧 음행과 더러운 것과 호색과 우상 숭배와 주술과 원수를 맺는 것과 분쟁과 시기와 분냄과 당 짓는 것과 분열함과 이단과 투기와 술 취함과 방탕함과 … 전에 너희에게 경계한 것 같이 경계하노니 이런 일을 하는 자들은 하나님의 나라를 유업으로 받지 못할 것이요" (갈 5:19-21).

육체만을 위해 사는 사람들처럼 욕심 덩어리도 없습니다. 그러나 영혼의 귀중함을 알고 하나님과 교제하며 사는 사람은 참된 만족을 소유하며 살 수 있습니다. 성경에는 영혼에 대해 해를 끼치는 것이 있음을 경고하고 있습니다. 성경에 나타난 몇 가지 예를 들어보겠습니다.

첫째, 육체적인 욕심은 영혼에 대해 해를 끼칩니다.

"사랑하는 자들아 거류민과 나그네 같은 너희를 권하노니 영혼을 거슬러 싸우는 육체의 정욕을 제어하라" (벧전 2:11).

둘째, 불법한 행실을 보고 듣는 것은 영혼에 해를 끼칩니다.

"이 의인이 그들 중에 거하여 날마다 저 불법한 행실을 보고 들음으로 그 의로운 심령이 상함이라"(벧후 2:8).

셋째, 악한 사람과의 교제로 인해 영혼을 망칩니다.

"노를 품는 자와 사귀지 말며 울분한 자와 동행하지 말지니 그의
행위를 본받아 네 영혼을 올무에 빠뜨릴까 두려움이니라"(잠
22:24-25).

여러분은 살아가면서 울분할 일이 얼마나 됩니까? 울
분이 나의 영혼뿐 아니라 다른 이의 영혼에게까지 영향을
미침을 기억해야 합니다.

인생은 하나님을 갈망하며 살아야 할 존재입니다. 그
런데 육체적인 것에 취해 사는 사람은 하나님에 대한 관
심이 없을 뿐 아니라 하나님을 알려고도 하지 않습니다.
인생을 향한 하나님의 생각처럼 보배로운 것은 없습니
다. 시편 기자는 시편 139편 17-18절에서 하나님에 대해
말씀하고 있습니다.

"하나님이여 주의 생각이 내게 어찌 그리 보배로우신지요 그 수가
어찌 그리 많은 지요 내가 세려고 할지라도 그 수가 모래보다 많도

소이다."

하나님을 떠난 인생은 목자 없는 초라한 양에 불과합니다.

끝으로 인생은 거둠의 법칙 속에서 삽니다. 인생은 뿌린 대로 거둡니다. 봄에 씨를 뿌리면 가을에 거둡니다. 이 세상에서 뿌리면 그 열매로 천국을 소유합니다. 무엇을 심던지 그대로 거두게 하십니다.

"자기의 육체를 위하여 심는 자는 육체로부터 썩어질 것을 거두고 성령을 위하여 심는 자는 성령으로부터 영생을 거두리라" (갈 6:8).

Love Letters to Apartments

아버지와 아들의 일기

　　대화의 단절처럼 사람을 괴롭히는 것도 없습니다. 요즘 어린이 10명중 2명은 아버지와 대화가 거의 없다고 합니다(서울 14.5%, 농촌 19%). 더욱이 놀라운 것은 어머니와의 대화가 없는 경우가 20명중 1명이나 된다고 합니다(서울 4.0%, 농촌 10%). 이는 사회가 파괴되고 있는 첫 번째 징조입니다. 어린아이들은 부모와 함께 시간을 가지기를 좋아합니다. 그저 용돈이나 주고 필요한 것을 사 주는 것으로 해야 할 일을 다 했다고 생각해서는 안 됩니다.

　　미국의 유명한 외교관인 찰스 아담스는 유명한 역사가였던 부르크 아담스의 아버지입니다. 그런데 부자가 같은 날 쓴 일기는 우리에게 많은 것을 생각하게 해 줍니다. 아버지의 일기에는 이런 내용이 기록되어 있었습니다. "오늘은 아들과 함께 낚시를 다녀왔다. 하루를 낭비해 버리고 말았다." 아들의 일기는 이와는 정반대의 내용이었습니다. "오늘은 아빠와 함께 낚시를 다녀왔다. 나의 일생에 가장 기쁜 날이었다."

자녀들이 대화하기를 원해도 부모가 바빠서 대화할 수 없는 시대가 되었으니 참으로 안타까운 일이 아닐 수 없습니다. 대화할 상대가 없는 어린이들은 컴퓨터나 비디오를 좋아할 수밖에 없습니다. 부모 외에 가장 좋은 대화의 대상인 선생님과도 대화하지 않는 경우가 두 명중에 한 명이나 된다고 합니다(52%). 더욱이 선생님과의 대화 속에도 마음을 터놓고 이야기할 수 없는 오늘날의 현실은 자녀들을 탈선의 현장으로 몰아넣는 가장 큰 요인이 됩니다.

이와는 반대로 하나님은 자녀 된 그리스도인들과 대화하기를 원하십니다. 언제나 기다리고 계십니다. 그러나 자녀 된 우리가 시간이 없고 바쁘다는 핑계로 하나님과의 대화를 거부하고 있는 경우가 훨씬 더 많습니다. 인간은 하나님과 대화가 필요한 존재입니다. 이 사실을 누구보다 잘 아시는 하나님은 성경에서 이렇게 강조하고 있습니다.

"여호와와 그의 능력을 구할지어다 항상 그의 얼굴을 찾을지어다" (대상 16:11).

"아무것도 염려하지 말고 다만 모든 일에 기도와 간구로 너희 구할 것을 감사함으로 하나님께 아뢰라" (빌 4:6).

하나님은 우리의 면담을 거절하지 않으십니다. 시간 약속을 받을 필요가 없습니다. 지금 바로 하나님을 부르십시오. 그러면 하나님은 당신을 만나주실 것입니다. 이것이 바로 하나님께서 우리를 사랑하시는 확실한 증거인 것입니다.

"쉬지 말고 기도하라" (살전 5:17).

Love Letters to Apartments

밤새도록 두려워한 인디안 소년

옛날 아메리칸 인디안들은 어느 정도 나이가 들면 남자 아이들에게 담력을 키워 주는 여러 가지 훈련을 시켰습니다. 그 중에 한 가지는 밤중에 맹수가 우글거리는 숲 속에서 혼자서 밤을 지내게 하는 훈련입니다. 숲 속에서 하룻밤을 지내는 소년의 두려움과 외로움이 어느 정도일 것이라는 것은 가히 짐작해 볼 수 있습니다. 행여나 사나운 맹수가 나타나지 않을까 하는 두려움은 그 어떤 말로도 표현할 수 없을 것입니다.

그러나 다음날 아침이 되면 소년은 아버지가 밤새도록 나무 뒤에서 화살을 뽑아 들고 자신을 지켰다는 사실을 알게 됩니다. 아들이 밤새도록 두려워한 것은 부질없는 짓이었습니다. 그리스도인은 공포와 투쟁의 세상에 살면서도 두려워할 필요가 없습니다. 주님의 보호의 손이 언제나 함께 하기 때문입니다. 하나님의 도우심을 확신하고 사는 사람과 혼자의 힘으로 세상을 사는 사람과는 삶 자체가 하늘과 땅의 차이입니다.

이 글을 읽고 있는 형제, 자매에게 묻고 싶습니다. 당신이 발을 뻗고 잠을 잘 수 있는 근거가 어디 있습니까? 돈입니까? 명예입니까? 자신감입니까? 젊음입니까? 아니면 아름다움입니까? 이 모두는 일시적인 것으로 잠시 후에는 내 곁을 떠나 버릴 수밖에 없는 것들임을 알아야 합니다. 지금 이 시간 예수님을 믿으십시오. 예수님을 믿는 데는 그 어떤 자격도 절차도 필요 없습니다. 예수님의 수제자 베드로가 고백한 것처럼 고백하면 됩니다.

"주는 그리스도시요 살아 계신 하나님의 아들이시니이다" (마 16:16).

베드로의 이 고백을 쉽게 설명하면 첫째, 예수님이 내 죄를 대신해서 죽으셨기에 내 구세주(그리스도)임을 믿는 것입니다. 이는 이 세상의 그 어떤 사람도 나에게 주지 못한 사랑을 베푼 것입니다. 나의 죄를 대신해서 죽으신 분은 예수님뿐이기 때문입니다.

둘째, 예수님이 살아 계신 하나님의 아들이심을 믿으십시오. 예수님이 살아 계시기에 우리가 믿을 수 있는 대상이 될 뿐 아니라 우리를 도우실 수 있습니다.

아직도 많은 사람들은 자신의 죽음도 해결하지 못한 자들이나(석가, 마호메트, 공자) 하나님의 피조물에 불과한 해와 달, 그리고 산과 고목나무를 신으로 착각하여 복을 빌고 있습니다. 살아 계신 주님은 그를 믿는 모든 자의 주인이 되셔서 영원히 함께 하실 뿐 아니라 모든 문제를 해결해 주시는 사랑의 하나님이십니다.

"내가 사망의 음침한 골짜기로 다닐지라도 해를 두려워하지 않을 것은 주께서 나와 함께 하심이라 주의 지팡이와 막대기가 나를 안위하시나이다" (시 23:4).

예수님께 당신의 전 생애를 맡기십시오. 그러면 예수님께서는 조건 없이 당신이 해결할 수 없는 문제와 모든 짐을 해결해 주실 것입니다.

인생에게 다가오신 예수님

1941년 미국 뉴저지 주에서 큰 산불이 났습니다. 불길을 잡기 위해 소방대원과 군대가 출동하고 수많은 진화 장비가 동원되었으나 불길은 잡히지 않았습니다. 그런데 진화에 참가한 군인 80명이 불길에 갇혀 불에 타 죽을 수밖에 없는 지경에 이르렀습니다. 때마침 상공을 지나던 소형 비행기의 비행사가 불길에 갇힌 군인들을 발견하고 저공으로 비행하여 그들에게 쪽지를 떨어뜨렸습니다. 그 쪽지에는 불길을 뚫고 나갈 수 있는 탈출로가 있다는 것과 조종사의 유도를 받아 따라오면 안전하게 대피할 수 있다는 글이 적혀 있었습니다. 군인들은 민첩하게 조종사의 지시대로 몸을 움직였습니다. 그들은 모두 탈출에 성공하였습니다.

예수님을 모르는 자는 사방팔방이 꽉 막힌 것으로 생각하지만 예수님은 탈출로를 알고 계십니다. 예수님만이 구원자이십니다. 예수님은 말씀하십니다. "피할 수 있는 꼭 하나의 길이 있으니 나를 따르기만 하면 된다"라고 말씀하십니다. 예수님은 모든 인생에게 말씀하셨습니다.

"내가 곧 길이요 진리요 생명이니 나로 말미암지 않고는 아버지께 로 올 자가 없느니라"(요 14:6).

인생에게 다가오신 예수님은 구원자이십니다. 인생이 절대로 탈출할 수 없었던 죄의 구렁텅이에서 구원해 주셨습니다. 가령 제가 여러분과 공모해서 나쁜 죄를 지었으면 모두 죗값을 받아야합니다. 제가 여러분의 모든 죄를 다 짊어질 수는 없습니다. 이 세상의 모든 사람은 다 죄인입니다. 아무리 착한 사람도 죄가 없는 사람이 없습니다. 하루에 마음속으로 범하는 죄가 얼마나 많습니까? 석가, 공자, 마호메트 그 누구도 죄인입니다. 결국 죄가 없는 예수님만이 인생의 죗값을 해결하기 위해 저주스러운 십자가에서 죽임을 당하셨습니다. 십자가형은 너무나 끔찍한 형입니다. 건강한 사람은 십자가 위에서 7일 동안 살기도 하는데 십자가에 매달려 온갖 욕과 저주를 다하고 죽는다고 합니다. 그래서 혀를 잘라 말을 못하게도 했다고 합니다. 이런 경우 피 냄새를 맡고 온갖 날벌레들이 입과 코에 새까맣게 몰려들어 흉측한 모습으로 질식해서 죽는 경우도 많다고 합니다.

가장 저주스러운 십자가를 지시고 대신 죽어 주신 예수님은 바로 우리의 죄를 위해 죽으신 유일한 구원자이십니다. 이 사실을 믿고 주님이 살아 계신 하나님의 아들임을 고백하는 모든 사람은 죄로부터 해방되어 지금 즉시 하나님의 자녀가 될 것입니다.

Love Letters to Apartments

농부의 착각

어느 더운 여름날 농부가 호두나무 밑에서 이마에 땀을 닦으며 쉬고 있었습니다. 우연히 호박 넝쿨을 보고는 혼자서 중얼거렸습니다. "하나님은 참 이상한 분이야 왜 저렇게 조그만 넝쿨에다 큰 호박이 열리게 하는지 이유를 모르겠어. 그리고 작은 호두는 저 큰 나무에 열렸으니 참으로 불공평해."

농부는 혀를 차면서 그늘에 누워 있다가 단잠을 자게 되었습니다. 얼마 동안 잠에 취해 있을 때 농부의 이마에 '딱!' 하고 호두 하나가 떨어지면서 농부의 머리를 때렸습니다. 깜짝 놀란 농부는 잠에서 깨어 벌떡 일어나 아픈 머리를 어루만지며 하나님께 감사했습니다.

"만약에 저 큰 호박이 이 나무에 매달려 있었다면 큰일 날 뻔했습니다. 하나님께서 호박 넝쿨에 큰 호박이 열리게 하시고 저 작은 호두를 이 큰 나무에 열리게 하셔서 참으로 감사합니다."

하나님의 생각과 인간의 생각은 하늘과 땅보다 더 큰 차이가 있습니다.

"이는 내 생각이 너희의 생각과 다르며 내 길은 너희의 길과 다름이니라 여호와의 말씀이니라 이는 하늘이 땅보다 높음 같이 내 길은 너희의 길보다 높으며 내 생각은 너희의 생각보다 높음이니라"(사 55:8-9).

그리고 인간을 향한 하나님의 생각은 모두가 보배롭습니다.

"하나님이여 주의 생각이 내게 어찌 그리 보배로우신지요 그 수가 어찌 그리 많은지요 내가 세려고 할지라도 그 수가 모래보다 많도소이다"(시 139:17-18).

또한 하나님의 생각은 평안과 소망을 줍니다.

"여호와의 말씀이니라 너희를 향한 나의 생각을 내가 아나니 평안이요 재앙이 아니니라 너희에게 미래와 희망을 주는 것이니라" (렘 29:11).

그러므로 하나님은 의심할 대상이 아닙니다. 그저 믿고 따르며 순종해야 할 인생의 창조주이십니다.
인간의 머리로 이해되지 않는 하나님은 인간들의 허무한 생각을 누구보다 잘 아십니다. 인생의 보호자이신 하나님은 인간에게 좋은 것을 아끼지 않고 주십니다.

"여호와 하나님은 해요 방패이시라 여호와께서 은혜와 영화를 주시며 정직하게 행하는 자에게 좋은 것을 아끼지 아니하실 것임이니이다" (시 84:11).

하나님을 이런 하나님으로 모시고 산다면 당신에게는 놀라운 일이 생길 것입니다.

Love Letters to Apartments

젊은 날의 충격

영국의 유명한 문인 찰스 램(1775-1834)이 잘 알고 지낸 사람 가운데 많은 사람들로부터 존경받은 어떤 사람은 결혼을 하지 않고 혼자 살았습니다. 그 이유는 젊은 날의 충격 때문이었다고 합니다.

그는 청년 시절 한 여인을 깊이 사랑했습니다. 어느 날 그 여인에게 청혼하기 위해 그 여인을 향해 가고 있었습니다. 그는 분명하게 자신의 청혼을 받아 줄 것으로 믿었으나 너무나 놀라운 일을 당하고 말았습니다. 그 집에 도착하여 문을 두드리니 하인이 나와서 아가씨가 당신을 만나지 않겠다고 한다는 것이었습니다. 그 청년은 마음에 깊은 상처와 좌절감을 안고 집으로 돌아와서 그 여인에게 편지를 썼습니다. 왜 자기를 만나 주지 않았는지 그 이유를 말해 달라고 말입니다.

그 여인으로부터 온 회답은 이런 것이었습니다. "나는 당신이 오는 것을 기다리며 창문을 내다보고 있었습니다. 당신이 오는 것을 보고 나는 기뻤습니다. 그런데 당신은 길에서 일하고 있던 한 여인을 밀치고 그냥 지나쳐 버렸습니다. 당신은 넘어진 그 여인을 부축해 주지도 않았습니다. 나는 그 때 당신은 내가 한 평생을 맡길 수 있는 남편이 될 수 없는 사람임을 알았습니다. 불쌍한 여인에게 친절을 베풀 수 없는 사람이라면 나에게도 진정한 사랑을 베풀 수 없는 사람이라고 느꼈기 때문입니다."

이 사건이 있은 후 이 청년은 많은 반성을 하고 모든 사람에게 친절하고 관대하게 대하였다고 합니다.

여인이 창문을 통해 그 청년을 살피고 있었던 것처럼 하나님은 우리의 모든 행동과 생각까지도 다 살피고 계십니다.

인생의 범죄와 대부분의 비극은 하나님을 의식하지 않기 때문에 생깁니다. 하나님은 인생을 감찰하고 계십니다. 그래서 사람의 마음과 인간의 모든 형편을 아십니다.

"나의 하나님이여 주께서 마음을 감찰하시고 정직을 기뻐하시는 줄을 내가 아나이다"(대상 29:17).

사람이 억울한 일을 당할 때도 다 보고 계십니다.

"이는 그가 땅 끝까지 감찰하시며 온 천하를 살피시며"(욥 28:24).

그러므로 사람은 하나님 앞에서 삽니다. 아무리 부인하고 잊으려 해도 하나님은 당신의 전 생애를 바라보고 계십니다. 하나님의 감찰하심을 무시하는 자를 성경은 악인이라고 말하고 있습니다.

"악인은 그의 교만한 얼굴로 말하기를 여호와께서 이를 감찰하지 아니하신다 하며 그의 모든 사상에 하나님이 없다 하나이다"(시 10:4).

즐거운 마음으로 바쁘게

기쁨이 없다면 재미없는 삶을 살 수밖에 없을 것입니다. 인간의 어떤 감정도 기쁨처럼 대단하지 않습니다. 기쁨은 어느 특정인의 소유가 아니라 모든 사람이 누려야 할 특권이라고 말해도 좋을 것입니다.

사람들이 일반적으로 누리는 기쁨이 성경에 기록되어 있습니다. 형제 상봉의 감격이 있습니다. 요셉과 형들의 만남, 야곱과 에서의 만남, 모세와 아론의 만남, 그리고 혼인의 기쁨이 있습니다. 그 외에 전쟁이나 운동경기에서 승리했을 때의 기쁨도 있습니다. 그러나 이러한 기쁨은 어떠한 상황에 따라, 시간이 지남에 따라 없어질 수밖에 없습니다.

미국의 백화점 왕으로 널리 알려진 워너메이커 (1838-1922)는 체신부장관까지 지낸 훌륭한 크리스천이 었습니다. 그는 자신에게 주어진 일에 최선을 다하며 살 았던 사람입니다. 한 가정의 아버지, 대 사업가, 체신부 장관, 그리고 교회에서는 주일학교 교장으로 봉사하였습 니다.

그는 "사업이나 공직은 부업이지만 주일학교 교장과 교회일은 주업이다" 라는 말로 유명해진 사람이기도 합니 다.

그의 사업 60주년을 기념하는 파티석상에서 그의 친 구가 이런 질문을 하였습니다. "당신이 이렇게 큰 사업가 가 될 수 있었던 이유가 무엇입니까?" 이 질문에 83세가 된 워너메이커는 간단하게 대답하였습니다. "즐거운 마 음으로 바쁘게". 대부분의 사람들은 바쁘게 살 수밖에 없 어서 바쁘게 삽니다. 그러나 워너메이커는 자신이 하는 일에 대해 기쁨으로 바쁘게 살았다는 것입니다.

기쁨으로 사는 자가 바로 크리스천입니다. 그저 많이 모으고 높아지기 위해 긴장하고 미워하는 삶이 아니라 이 미 소유한 자로서의 여유를 가지고 주어진 일에 감사하며 기쁘게 사는 사람이 바로 크리스천들입니다. 크리스천들이 기뻐해야 할 이유를 크게 두 가지로 나누어 볼 수 있습니다.

첫째, 주님이 함께 하는 자들이기 때문입니다. 이 세상을 창조하신 하나님이 함께 하는 사람들, 예수님을 믿고 하나님의 자녀로서의 특권을 소유한 사람들은 어떤 경우도 기쁠 수밖에 없습니다. 도둑이나 강도에게 납치당한 사람의 마음이 지옥과 같다면 사랑하는 사람을 소유하고 함께 있는 사람의 마음은 말로 표현할 수 없는 기쁨인 것입니다. 지금 이 시간에도 주님은 우리의 신랑으로 함께 하십니다. 신랑이 신부에게 온갖 사랑을 베풀듯이 말입니다. 그리고 영원히 우리와 함께 살아 주시겠다고 약속하셨습니다.

"볼찌어다 내가 문밖에 서서 두드리노니 누구든지 내 음성을 듣고 문을 열면 내가 그에게로 들어가 그와 더불어 먹고 그는 나와 더불어 먹으리라"(계 3:20).

둘째, 소망을 가진 자들이기 때문입니다. 하나님의

자녀 된 그리스도인들은 이미 천국 시민입니다. 이 세상이 최고의 소망이며 최종 목적지라고 생각하며 사는 사람과 천국에 대한 소망을 가진 사람의 삶은 엄청난 차이가 있습니다. 그리스도인은 천국에 대한 소망을 가지고 주어진 일에 최선을 다하며 살아야 합니다. 이미 천국에 대한 확신을 가진 자의 삶은 대단한 부자처럼 여유 있게 살 수 있습니다. 소망이 없는 자처럼 불쌍한 사람은 없습니다. 그저 하루의 삶을 위해서만 사는 사람은 언제나 긴장하고 미워하고 다투지만 천국을 소유한 자는 언제나 넉넉한 부자의 마음으로 살 수 있습니다.

Love Letters to Apartments

어디로 가고 있습니까?

　한 나그네가 여행 중에 낯선 지역에서 하룻밤을 묵게
되었습니다. 나그네는 대궐처럼 큰 집에서 주인에게 하
룻밤 묵기를 청했습니다. 그러나 집 주인은 정중하게 거
절하며 이렇게 말했습니다. "이 집은 여관방이 아니니 저
건너편 객줏집이나 가 보십시오." 나그네가 주인에게 물
었습니다. "이 큰 집에서 몇 대가 살았습니까?" "16대째
요." "그렇다면 그 분들이 다 생존해 계십니까?" "허! 어
리석은 소리하지 마세요 모두 세상 떠난 지 오래 되었지
요." 그러자 이 나그네가 반색을 하며 말했습니다. "그렇
다면 이 집이 여관방과 같지 않습니까? 대대로 자고 가고
자고 가기를 16대나 하였으니 저도 하룻밤만 자고 가도록

허락해 주시기 바랍니다." 주인은 어쩔 수 없이 하룻밤 묵는 것을 허락했다고 합니다.

이 세상이 거쳐 가는 곳이라면 목적지가 있을 것입니다. 어디를 가야 하는지 모르는 사람처럼 처량하고 불쌍한 사람은 없습니다. 얼마 전 교회 나온 할머니 한 분의 말씀이 기억납니다. "이제는 이 세상보다는 저 세상에서의 일이 더 문제입니다." 여관 주인의 상냥함과 여관의 아름다운 분위기에 사로잡혀 가야 할 목적지를 잊어버리고 눌러 살려고 한다면 참으로 한심한 사람입니다. 이 세상이라는 출구를 빠져나갈 때 새롭게 가야 할 최종 목적지가 기다리고 있는 인생임을 기억해야합니다.

인생은 준비하며 살아갑니다. 하루 종일 열심히 일하는 것은 내일의 안정된 삶을 위함입니다. 결혼하는 이유도 오늘 보다 좀 더 나은 삶을 살기 위함입니다. 음식을 먹는 것도 생을 유지하기 위함입니다. 이처럼 준비하며 사는 삶이 인생인데 내세를 준비하지 못하고 산다면 이는 참으로 어리석은 일이 아닐 수 없습니다.

104세 된 할아버지와 99세 된 할머니 부부가 살고 있었습니다. 어느 날 할머니가 할아버지에게 말했습니다.

"영감 하나님이 우리를 잡아갈 장부에서 이름을 빠뜨린 모양이에요 이렇게 오래 사는 것을 보면 장부에 명단이 빠진 것이 분명해요." 그러자 할아버지가 눈을 부라리며 말을 막았습니다. "쉿, 하나님 들을라! 아무 소리 하지마. 하나님이 들으시고 아차하고 장부를 본 다음 우리를 잡아가면 어떻게 해."

죽음 이후의 세계는 새로우면서도 무한한 세계입니다. 성경은 사람에게 영생이 있음을 말씀합니다.

"너희가 성경에서 영생을 얻는 줄 생각하고 성경을 연구하거니와 이 성경이 곧 내게 대하여 증언하는 것이니라"(요 5: 39).

이루어질 수 있는 소망

    꿈을 이루며 살기를 원하는 것이 사람의 마음입니다. 그러나 자기의 계획과 생각대로 인생을 살았다고 고백하는 사람은 없습니다. 특히 여자들의 경우는 더더욱 그러합니다. 어떤 남자를 만나느냐에 따라 인생이 바뀔 수 있기 때문입니다.

    프랑스의 자연주의 대표 작가 모파상(1850-1893)이 지은 "여자의 일생" 이 많은 사람들에게 공감을 준 베스트셀러가 된 것은 인간의 실상을 잘 파헤쳤기 때문입니다. 책속의 주인공인 소녀 쟌느는 귀족 집안에서 태어나 12세에서 17세까지 엄격한 수도원에서 교육을 받았습니다.

    쟌느는 미남 청년 쥴리앙을 만나 꿈같은 결혼 생활을

시작하였습니다. 그러나 꿈에도 생각할 수 없는 일이 그녀를 괴롭히기 시작했습니다. 영원히 자신만을 사랑해 줄 것으로 알았던 남편 쥘리앙이 하녀 로잘린과 정을 통하여 임신하게 만들 뿐 아니라, 푸르빌 자작 부인과 불륜 관계를 맺다가 현장을 덮친 푸르빌 자작에게 발각되어 마차째 절벽 아래로 굴러 두 사람은 죽임을 당하고 맙니다.

쟌느는 남편에 대한 배신의 상처를 아들 폴로부터 보상받기를 원하여 모든 사랑을 쏟았습니다. 그러나 아들은 쟌느의 소망을 짓밟고 불량아가 되어 재산을 탕진하고 행실이 좋지 못한 여자와 눈이 맞아 도망을 칩니다. 이 후 남편과 정을 통해 쫓겨난 하녀 로잘린이 돌아오고, 아들을 통해 손자를 보았으나 아기 엄마의 죽음으로 손자를 데리고 오도록 합니다. 하녀 로잘린이 쟌느를 향해 "인생살이가 사람들이 생각하는 것처럼 좋지도 나쁘지도 않군요"라고 술회합니다.

인생은 기쁨을 얻기 위해 헤매고 다닙니다. 변하지 않는 사랑을 소유하기를 원합니다. 확실한 보장을 받으며 살기를 원합니다. 그러나 인생이 추구하는 그 어떤 것도 인생 스스로의 노력으로는 불가능합니다. 하나님을 통해

서만 가능합니다. 하나님께서 인생에게 보내 주신 예수 그리스도를 만나지 않고는 불가능합니다. 인생이 해결할 수 없는 비밀에 대한 모든 소망은 예수님이십니다.

그러므로 지금까지 예수님을 인격적으로 만난 모든 사람들은 한 결 같이 예수님만이 소망이라고 고백하였습니다.

"하나님이 그들로 하여금 이 비밀의 영광이 이방인 가운데 얼마나 풍성한지를 알게 하려 하심이라 이 비밀은 너희 안에 계신 그리스도시니 곧 영광의 소망이니라" (골 1:27).

위로와 평강의 주님은 지금 이 시간 여러분에게 소망을 주기를 원하고 계십니다. 아직도 주님을 외면하고 있습니까?

죄 없이 사랑할 수 있는 나라

알프스 산기슭 레만 호수가 있는 아름다운 마을에서 있었던 사랑의 이야기입니다. 귀족의 딸인 줄리는 평민 출신의 가정교사 생 프루와 열렬한 사랑에 빠졌습니다. 두 사람의 만남은 꿈같은 시간이었고 그들은 마침내 결혼을 약속하였습니다.

그러나 줄리의 아버지는 생 프루와의 결혼을 완강히 반대하였습니다. 생 프루는 슬픔을 안고 파리로 떠나가고 맙니다. 두 사람은 서로의 편지로 사랑을 확인하지만 줄리는 결국 아버지의 뜻대로 귀족 청년인 보마르와 결혼을 하게 됩니다. 성실한 남편 보마르는 줄리에게 많은 사랑을 베풀었으나 그의 마음 한 구석은 언제나 허전함을 느꼈습니다.

두 아이의 엄마가 된 어느 날 남편 보마르에게 첫 사랑의 연인 생 프루에 대해 고백을 합니다. 남편은 아이들의 가정교사로 생 프루를 초청하여 한 집에서 함께 살게 됩니다. 사랑하지만 사랑할 수 없는 두 사람은 서로의 감정을 절제하였습니다. 생 프루가 잠시 집을 떠나가 있는 동안 물에 빠진 아이를 구하기 위해 물 속으로 들어 간 줄리는 며칠 후에 세상을 떠납니다. 세상을 떠나기 전에 줄리는 생 프루에게 이러한 유서를 남깁니다. "죄 없이 사랑할 수 있는 나라에서 기다리겠습니다." 프랑스의 사상가이며 소설가인 루소(1712-1778)가 쓴 소설 "새로운 엘로이즈"의 내용입니다.

이 세상에서의 사랑은 불완전합니다. 서로 자신의 욕구를 채우기 위한 불완전한 사랑으로 가득 차 있습니다. 그리고 이루어질 수 없는 사랑 때문에 가슴 아파하고 통곡하는 사람들이 얼마나 많은지 모릅니다. 또한 사랑 때문에 미워하며 저주하는 사람도 많습니다. 사랑하고 싶은 사람과 사랑하며, 사랑하는 사람으로부터 마음껏 사랑을 받으며 살고 싶은 것이 사람의 마음입니다. 그러나

이 세상에서는 그런 사람을 찾을 수 없습니다. 모두 불완전하기 때문입니다.

그러나 예수님은 우리에게 완전한 사랑을 베풀어주신 분입니다. 우리의 죄를 대신 지고 십자가에 죽으신 사랑을 실천하셨습니다. 그 분은 지금도 완벽하게 사랑하고 계십니다. 예수님을 만나 예수님의 사랑을 받고 사는 사람은 이 세상의 불완전한 사랑에 실망하거나 생을 포기하지 않습니다. 오히려 예수님의 값없이 주신 사랑을 가지고 함께 나누기를 원합니다. 그리고는 한없는 사랑을 베풀어주신 하나님의 사랑의 포로가 되어 기쁨과 행복을 맛보며 살아갑니다. 영원한 사랑의 대상인 예수님을 만나서 천국의 기쁨을 맛보며 살고 싶지 않습니까?

"사랑은 여기 있으니 우리가 하나님을 사랑한 것이 아니요 오직 하나님이 우리를 사랑하사 우리 죄를 속하기 위하여 화목제물로 그 아들을 보내셨음이라 사랑하는 자들아 하나님이 이같이 우리를 사랑하셨은즉 우리도 서로 사랑하는 것이 마땅하도다"(요일 4:10-11).

Love Letters to Apartments

달콤한 유혹

마귀들이 사람을 파멸시킬 방법을 의논하고 있었습니다. "사람들에게 하나님이 없다고 말해 줍시다." "사람들에게 성경이 하나님의 말씀이 아니라고 말합시다." "예수가 하나님의 아들이 아니라고 말해 줍시다." 등등 여러 가지 방법이 나왔으나 마귀들의 마음에 들지 않았습니다.

그런데 한 마귀가 새로운 의견을 냈습니다. "우리 모두 세상에 가서 사람들에게 하나님이 계시다고 말합시다. 성경이 하나님의 말씀이며 예수가 하나님의 아들이며 구원자라고 말해 줍시다. 그리고 예수만이 유일한 구원자라고 말해 줍시다. 그러나 구원받을 시간이 많이 남

앗으니 서두를 필요가 없다고 말합시다." 다른 모든 마귀
는 이 의견에 모두 찬성하며 이 방법을 채택하였습니다.

사람들에게는 뒤로 미루는 습관이 있습니다. 오래 전
미국 뉴욕을 떠나 샌프란시스코를 향해 항해하던 증기선
센트랄 아메리카호에 물이 새어 들어오기 시작하였습니
다. 다행히 근처를 지나던 배가 구조 신호를 받고 달려왔
습니다. 그런데 센트랄 아메리카호의 선장은 구조선 선
장에게 물이 새고 있지만 내일 아침까지는 괜찮을 것 같
으니 날이 샐 때까지만 기다려 달라고 간청을 했습니다.
밤중에 승객들을 구조선으로 옮겨 실을 때의 혼잡을 염두
에 둔 결정이었습니다. 구조선 선장은 승객을 빨리 옮겨
태워야 한다고 재차 요구했으나 "날이 밝을 때까지 기다
립시다"라는 대답을 되풀이하였습니다.

그러나 센트랄 아메리카호는 한 시간 후에 갑자기 불
빛이 사라짐과 동시에 물속으로 침몰하고 말았습니다.
승객 모두는 배와 함께 수장되고 말았습니다. 구원받기
를 뒤로 미룬 비극이었습니다.

우리에게 확실한 내일은 없습니다. 지금이 바로 나의
시간이기 때문입니다. 내일로 미루는 것은 마귀의 달콤

한 유혹입니다. 자신 있게 내일이 나의 시간이라고 말할 수 있는 사람은 한 사람도 없습니다. 오직 시간을 주신 하나님만이 내일을 보장해 주실 수 있는 것입니다.

지금이 바로 기회입니다. 하나님은 성경을 통해 말씀 하십니다.

"보라 지금은 은혜 받을 만한 때요 보라 지금은 구원의 날이로다" (고후 6:2).

"만물의 마지막이 가까이 왔으니 그러므로 너희는 정신을 차리고 근신하여 기도하라" (벧전 4:7).

사람들은 여유를 가지고 살지만 삶과 죽음, 이 세상과 천국과 지옥은 너무나 가까운 거리에 있습니다. 지금이 바로 예수님을 믿어야 할 시간입니다.

두개의 노

누구를 가까이 하느냐에 따라 인생이 달라집니다. 사람은 자신보다 나은 사람을 만나기를 원합니다. 특히 결혼 대상자를 고를 때에 이러한 현상은 두드러집니다.

하나님께서 만드신 사람의 가치가 돈이나 인물, 학력에 의해 결정되는 것이 아님에도 사람의 눈에는 이런 것들이 가치를 결정하는 기준이 됩니다. 특히 믿음을 가진 청춘 남녀들의 경우 한결같이 "믿음만 있으면 됩니다" 라고 말하지만 속으로는 따질 것 다 따지는 경우가 대부분입니다.

참으로 인생의 행복은 하나님을 가까이함으로 얻어집니다. 하나님께서는 우리에게 기도를 통해 가까워지기를 원하십니다. 이 사실을 아는 개인이나 국가는 행복과 부흥을 보장받게 됩니다. 인생의 노력만으로 모든 것을 얻을 수 있다면 얼마나 좋겠습니까? 그러나 하나님의 간섭이나 허락 없이 인생이 얻을 수 있는 것은 아무것도 없습니다.

어떤 나이 많은 어부가 젊은 어부에게 노를 맡겼습니다. 두개의 노에는 이런 글귀가 적혀 있었습니다. "일하라" 그리고 다른 한쪽 노에는 "기도하라"

이 글귀를 본 젊은이는 "할아버지, 사람이 일만 열심히 하면 되지 기도는 무엇 때문에 합니까?" 그러자 할아버지는 "기도하라"는 노를 묶어 두고 "일하라"는 노만 젓게 하였습니다. 배는 앞으로 나가지 못하고 뱅글뱅글 돌았습니다. 이것을 보고 있던 노인은 말했습니다. "기도하지 않고 일만 하면 전진이 없어서 아무것도 이룰 수가 없네 그렇다고 기도만 하고 아무 일도 하지 않는 것도 안 되네."

기도는 하나님과 가까이하는 길입니다. 미국의 국회의사당에는 기도실이 있다고 합니다. 미국의 수도 워싱턴에 있는 국회의사당의 둥근 천장 안에는 좀처럼 찾을 수 없는 밀실이 있는데 이는 국회의원들의 개인 예배실입니다. 국회의원들은 이곳에서 여러 가지 문제에 대하여 고요히 하나님의 능력과 인도를 구합니다. 기도실이 개관된 이후 하루도 비어 본 날이 없다고 합니다.

하나님께 구하고 하나님과 가까이하기를 원할 때 하나님은 인생을 너무나 세밀하게 도우십니다. 당신은 어려움을 누구와 의논하고 삽니까? 하나님께 나아오십시오. 이 세상을 창조하신 하나님을 인정하십시오. 그리고 당신의 주인으로 모시고 모든 문제를 하나님께 내놓고 의논하십시오. 그러면 하나님의 도우심을 체험하며 살 것입니다.

"그러므로 내가 너희에게 말하노니 무엇이든지 기도하고 구하는 것은 받은 줄로 믿으라 그리하면 너희에게 그대로 되리라" (막 11:24).

"도울 힘이 없는 인생도 의지하지 말지니" (시 146:3).

Love Letters to Apartments

장렬한 죽음

어느 전쟁터에서 통신병이 중요한 연락 사항을 명령 받았습니다. 그러나 통신 수단이 두절되어 연락할 길이 없었습니다. 통신대에 속한 병사들은 불안과 초조감 속에 어찌할 바를 몰랐습니다. 그런데 하나의 방법을 알게 되었습니다. 그 방법은 끊어진 전선을 연결하는 것이었습니다.

그런데 연결할 방법은 없고 적의 공격은 전 아군의 생사를 위협하고 있었습니다. 절대 절명의 상황에서 한 통신병이 끊어진 양쪽의 전선을 자기의 양손으로 붙잡았습니다. 자기의 생명을 걸고 마지막 메시지를 아군 지원 부대에 보냈습니다. 그리고 그 통신병은 자기 생명을 마쳤습니다. 모든 아군을 위기로부터 구하고 자신은 장렬한 죽음을 택한 것입니다.

인간은 죄로 인해 하나님의 진노의 대상이 될 수밖에 없었습니다. 그러나 인간을 구해 주신 분이 있습니다. 바로 예수님이십니다. 예수님은 하나님의 손과 인간의 손을 붙잡아 하나님과 인간과의 관계를 회복시켜 주신 분입니다. 성경은 예수님을 중보자라고 말씀합니다. 중보라는 말의 뜻은 화친이나 계약을 맺을 때 또는 깨어진 관계를 회복할 때 당사자 사이에서 중재 역할을 하는 자를 가리킵니다.

예수님은 하나님과 인간 사이의 막힌 담을 허물어 주신 분입니다. 자신이 인간의 모든 죄를 뒤집어쓰고 대신 죽어 주시므로 하나님과 인간의 관계가 회복된 것입니다. 예수님은 죄가 없으신 분이었기에 중보사가 될 수 있었습니다. 은행을 턴 강도들이 자신들의 죄를 해결하기 위해 그들 스스로 해결사 노릇을 할 수가 없습니다. 죄가 없는 자가 중간에서 그들을 변호해 주어야 원만하게 해결될 수 있습니다. 결국 예수님의 완벽한 중보의 역할로 인해 죄인이었던 우리는 죄의 대가를 면하게 된 것입니다.

중보자이신 예수님을 믿으십시오. 그러면 예수님은 당신의 모든 죄를 해결해 주실 것입니다.

"하나님은 한 분이시오 또 하나님과 사람 사이의 중보자도 한 분이시니 곧 사람이신 그리스도 예수라"(딤전 2:5).

결국 예수님을 중보자로 믿는 분은 죄로부터 자유함을 얻어 마음의 평화를 누리다가 천국을 소유할 것입니다.

인생이 무엇입니까?

인생에 대해 많은 사람들이 논하고 있지만 정말 인생을 멋있게 살았다고 자신 있게 고백한 사람이 얼마나 될까요? 분명한 목적과 보람 있는 일에 시간을 투자하지 못한다면 그저 헛된 삶이었다고 보아도 좋을 것입니다.

황해도에 사는 어떤 부자가 하루는 이른 아침에 종에게 "자네 조반 먹고 벽난도에 다녀와야겠네!" 라고 심부름 당부를 하였습니다. 아침 식사를 마친 후, 심부름 보낼 종을 찾았으나 보이지 않았습니다. 아무도 종의 행방을 아는 사람이 없었습니다. 온 식구가 걱정을 하였지만 찾을 수가 없었습니다. 저녁 늦게 종이 지친 모습으로 집에 돌아왔습니다. 도대체 어디서 무얼 하다가 이제야 나타

났느냐고 호통을 치자 종은 "예 벽난도에 다녀오라고 하셔서 지금 막 다녀오는 길입니다" 라고 말하였습니다. 이 말에 부자는 "한심한 사람아 내가 벽난도에 다녀오라고 한 것은 시킬 일이 있어서지 그냥 갔다 오면 무슨 소용이 있단 말인가?" 하며 탄식을 하였다고 합니다.

한 평생을 나름대로 열심히 살아도 헛된 삶을 살 수 있습니다. 인생은 열심히 산다고 좋은 것이 아닙니다. 어떤 삶을 사느냐가 중요합니다. 한 번 주어진 인생을 허비하게 되면 다시는 회복할 길이 없습니다. 되돌아 올 수 없는 것이 인생이기 때문입니다. 하나님은 먹고 마시고 즐기라고 인간을 만들지 않으셨습니다. 모든 사람은 조각가로 태어났는지도 모릅니다. 무엇인가 주어진 시간에 조각해야 합니다. "인생은 석재다. 거기에 하나님의 모습을 조각하든지 아니면 악마의 모습을 조각하든지 그것은 자유이다" 라고 한 스펜스의 말처럼 말입니다.

"세상에서 어떻게 살아야 하나?" 이 질문에 대해 사람들은 각자의 비결을 말했습니다. 부를 축적하는 방법과 훌륭한 정치가나 군인이 되는 길을 여러 가지 수식어를 달아서 요란스럽게 가르쳤습니다. 그러나 예수님은 이런 문제에 대해서는 말씀하지 않으셨습니다. 단지 어떻게 살아야 할 것인가를 가르치셨습니다. 예수님의 가르치심은 그렇게 복잡하지 않고 너무나 쉬웠습니다. 그래서 어떤 이들은 비웃었습니다. 그러나 정말 예수님을 만난 사람들은 그분께 굴복하고 인생을 맡겼습니다. 그들의 과거가 정말 헛된 삶이었다고 고백하면서 말입니다.

로마의 시민권과 최고의 지성을 겸비한 바울도 자신이 가졌던 과거의 모든 것은 배설물과 같은 것들이라고 고백하였습니다. 아직도 인생을 모르겠다면 예수님을 만나서 그분께 물어보십시오. 그러면 쉽고 친절하게 가르쳐 주실 것입니다.

"너희는 먼저 그의 나라와 그의 의를 구하라 그리하면 이 모든 것을 너희에게 더하시리라" (마 6:33).

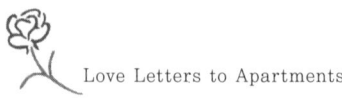

14일간의 행복

행복하고 싶은 것이 모든 사람의 소원입니다. 행복하기 위해 얼마나 많은 노력을 하고 살까요? 많은 사람들이 돈과 건강이 있으면 행복이 주어지는 것으로 생각합니다. 좋은 직장을 가지고 가정을 이루면 행복할 것이라고 생각합니다. 그러나 행복한 자의 첫 번째 요소는 인간의 존재를 파악할 때만 가능합니다. 인생이 무엇인지 모른다면 세상이 추구하는 조건들을 가졌어도 삶의 모양은 짐승처럼 살 수밖에 없기 때문입니다.

사라센 제국의 압둘 라만 3세(891-962)는 세계에서 가장 큰 왕국을 49년 동안 통치한 왕입니다. 그의 수입은 연간 260억 원이었으며 아름다운 여자 3,321명을 왕후로 삼았으며 자녀가 616명이었으나 그는 숨을 거두며 "내가 진정으로 행복을 누린 날은 불과 14일에 불과했다"고 말했다고 합니다.

미국의 심리학자이며 통계 여론 조사법의 창시자인 조지 갤럽이 어떤 사람이 가장 행복한가를 조사했습니다. 가장 행복한 사람은 "생생한 하나님에 대한 체험(신앙적 체험)이 있었던 사람들이었고, 가장 불행한 사람은 밤낮으로 술집을 드나드는 사람들이었습니다.

시편 103편 15절은 인생에 대해 말씀하고 있습니다.

"인생은 그 날이 풀과 같으며 그 영화가 들의 꽃과 같도다."

인생의 행복은 하나님께 있습니다. 하나님을 자기의 하나님으로 삼을 때 행복을 소유할 수 있는 것입니다.

"이러한 백성은 복이 있나니 여호와를 자기 하나님으로 삼는 백성은 복이 있도다" (시 144:15).

인생 스스로의 자구책과 자신을 향한 사랑이 너무나 보잘 것 없는 것임을 깨닫지 못하면 하나님을 거부하고 외면합니다. 한 가지 분명한 사실은 하나님은 우리를 사랑하십니다. 나보다 나를 훨씬 더, 아니 완벽하게 사랑하고 계심을 알고 계십니까?

목적지를 모르겠어요

세종 때의 충신이며 사육신의 한 사람인 성삼문은 절개를 지킨 사람으로 유명합니다. 그는 집현전 학사로 글씨를 잘 썼고 문장이 뛰어난 사람이었습니다. 1455년 수양 대군이 단종을 내쫓고 왕위에 오르니 예방승지로 있던 성삼문은 국새를 안고 통곡하였고 그 이듬해 박팽년 등과 함께 단종의 복위를 꾀하다가 김질의 밀고로 세조로부터 가혹한 심문을 받게 됩니다. 세조가 "너는 나의 녹을 먹지 않았느냐 녹을 먹고 배반하는 것은 반역이 아니냐"고 물었을 때 "상왕이 계신데 어떻게 나리가 저를 신하라고 할 수 있겠습니까? 저는 나리의 녹을 먹지 않았습니다. 못 믿겠다면 저의 집을 몰수해서 계산해 보십시오"라고 당

111

당하게 대답했습니다. 이에 세조는 진노하여 병사들로 하여금 시뻘겋게 달군 쇠로 성삼문의 다리를 찔러 꿰뚫고 팔을 잘라 버렸습니다. 그리고는 박팽년, 이개, 하위지, 유성원, 유응부와 함께 지금의 용산역 근처인 한강가로 끌려가면서 수레 안에서 읊은 성삼문의 시는 지금도 많은 사람들의 마음을 아프게 합니다.

"석력 바람에 해는 지려는데
북 두드리는 소리는 사람의 목숨을 재촉하는구나.
저승길에는 여관이 없을 것이니
오늘 밤 뉘 집에서 자야 하는고."

아무리 훌륭한 삶을 살았어도 가야 할 목적지가 없는 사람은 처량하고 불쌍한 사람입니다. 목적지가 없는 사람은 내일이 없는 사람이요 소망이 없는 사람입니다. "태어났으니 먹고 마시고 즐기며 열심히 살다가 시간이 되면 갈 곳으로 가겠지!"라는 식의 삶은 너무나 무책임한 삶입니다. 인생은 자신에 대한 책임을 져야 합니다. 자신에 대한 책임을 상대방이나 환경 탓으로 돌리는 사람은 무책임한 사람입니다. 세상을 너무 바쁘게 살다 보니 인생의 목적지를 까맣게 잊어버리고 살았다고 변명한다면 이 역시 어처구니없는 일이 아닐 수 없습니다.

세상에서 자랑할 만한 명예나 많은 돈으로 쾌락을 누렸던 사람일수록 허무감을 더욱 많이 느낍니다. 그것이 바로 인생이기 때문입니다. 인생을 만든 하나님을 인정하면 하나님께서는 인생이 영원히 가야 할 길을 분명하게 가르쳐 주십니다. 성경은 말씀합니다.

"어리석은 자는 그 마음에 이르기를 하나님이 없다 하는도다 그들은 부패하고 그 행실이 가증하니 선을 행하는 자가 없도다" (시 14:1).

인생의 모든 문제는 하나님을 인정하는 순간 해결됩니다. 하나님을 떠나서의 인생은 언제나 한계에 부딪칠 뿐 아니라 머릿속은 철학이나 이론으로 복잡할 수밖에 없습니다. 예수님을 믿으십시오. 그러면 하나님은 예수님을 통해 인생의 길을 분명하게 알려 주실 것입니다. 그리고 당신의 모든 문제를 해결해 주실 것입니다. 하나님을 부인한 인생이 얼마나 어리석고 부질없는 삶이었는가를 분명하게 깨닫게 될 것이기 때문입니다. 끝으로 이 세상 최고의 지혜와 부를 가졌던 솔로몬의 고백을 소개하고 싶습니다.

"일의 결국을 다 들었으니 하나님을 경외하고 그 명령을 지킬지어다 이것이 모든 사람의 본분이니라 하나님은 모든 행위와 모든 은밀한 일을 선악 간에 심판하시리라"(전 12:13-14).

기적

대부분의 사람들은 기적을 믿지 않으려고 합니다. 그러나 하나님의 말씀인 성경은 기적으로부터 시작해서 기적으로 끝이 납니다. 사람이 이해할 수 없는 하나님의 능력을 믿고 싶지 않습니까? 믿음이란 인간의 지식이나 머리로 이해되지 않는 하나님을 믿는 것입니다. 하나님께서 기적을 행할 수 없는 분이라면 믿을 필요가 없을 것입니다.

대체로 사람들은 성경에 나오는 초자연적이고 기적에 속한 것은 빼놓고 예수님을 믿으려고 합니다. 그러나 하나님은 일하시는 하나님이십니다. 인간을 위해서 쉬지 않고 일하시는 분입니다. 하나님께서 인간의 수준에서 일하신다면 완벽한 믿음의 대상이 될 수 없을 것입니다.

성경은 말씀합니다. 성경 첫 장은 하나님께서 무에서 유를 창조하셨음을 기록하고 있습니다.

"태초에 하나님이 천지를 창조하시니라" (창 1:1).

그리고 성경의 마지막 장에서 예수님이 구름 타고 영광 중에 온 천하를 심판하기 위해 오신다고 말씀하고 있습니다.

"이것들을 증거 하신 이가 이르시되 내가 진실로 속히 오리라 하시거늘 아멘 주 예수여 오시옵소서" (계 22:20).

그리고 이 기쁜 소식을 통한 은혜를 모든 사람들이 소유하기를 원하며 하나님의 말씀을 끝맺고 있습니다.

"주 예수의 은혜가 모든 자에게 있을 지어다" (계 22:21).

여러분의 불가능한 모든 문제를 하나님께 구하십시오. 그러면 하나님의 놀라운 기적을 직접 체험하며 감격할 것입니다. 하나님은 인간이 이해할 수 없는 기적의 하나님이십니다. 하나님의 기적을 수용할 수 없는 사람은 결코 하나님의 사랑을 받지 못하고 장님으로 살아갈 수밖에 없습니다.

> "이 백성들의 마음이 완악하여져서 그 귀는 듣기에 둔하고 눈은 감았으니 이는 눈으로 보고 귀로 듣고 마음으로 깨달아 돌이켜 내게 고침을 받을까 두려워함이라 하였느니라 그러나 너희 눈은 봄으로 너희 귀는 들음으로 복이 있도다" (마 13:15-16).

하나님께서 행하시는 기적은 바로 나약한 인간을 위한 선물이요 축복이라고 말할 수 있습니다. 하나님의 기적을 부정하고 거부하므로 기적의 축복을 누리는 대상에서 제외된다면 이는 참으로 서글픈 일이 아닐 수 없습니다. 예수님을 구세주로 믿는 순간 하나님은 당신을 위해 기적적인 일을 시작하실 것입니다. 기적은 마음에서부터 시작하여 삶의 모든 부분에 나타날 것입니다.

> "그런즉 누구든지 그리스도 안에 있으면 새로운 피조물이라 이전 것은 지나갔으니 보라 새것이 되었도다" (고후 5:17).

쇠사슬에 매인 독수리

사람들에게 가장 큰 문제가 무엇이냐고 물으면 인생을 멋있게 살 수 있는 방법이나 각자의 필요를 이렇게 말할 것입니다. "행복해지기를 원합니다. 그러므로 돈이 있어야 하고 명예와 지식 그리고 이상적인 배우자를 만나 아름다운 가정을 꾸미는 것이 소원입니다."

그러나 알고 보면 인생에게 가장 중요한 문제는 죄의 문제입니다. 인생의 모든 비극이 죄로부터 시작된다는 사실을 모르고 삽니다. 대다수의 사람들은 "뭐 그렇게 큰 죄를 지은 적도 없고 그렇다고 천사처럼 살지는 못했지만 남들만큼은 살았으니 그만하면 된 것 아닙니까?" 라고 말합니다. 그러나 마음속에서 일어나는 죄의 동기가 엄청

난 결과를 가져온다는 사실을 알아야 합니다. 한국전쟁 이후 최대의 사상자를 낸 삼풍백화점 사고도 알고 보면 조그만 욕심에서부터 시작된 사건입니다. 건물을 짓는 건물주와 설계사, 그리고 시공자들이 자신의 편리나 이익을 조금씩 챙긴 결과 얼마나 큰 인명이 비참하게 죽어 갔습니까?

이런 이야기를 들어본 적 있습니까? 독수리 한 마리가 어떤 사람에게 붙잡혔습니다. 이 사람은 독수리의 발에 가는 쇠사슬을 매어 놓았습니다. 독수리는 전처럼 자유스러운 몸이 되려고 결사적으로 날개를 파닥거리며 노력했으나 그 노력은 아무런 소용이 없었습니다.

이 독수리는 자기의 모든 노력을 포기하고 말았습니다. 하늘이 자기에게 준 운명이라고 생각한 것입니다. 어느 날 쇠사슬의 고리가 하나 빠졌습니다. 그래도 단념해 버린 독수리는 알아채지 못하고 자신을 비관하며 서러움의 눈물을 흘리고 있었습니다. 하늘을 헤엄치고 있는 구름을 새빨갛게 물들이고 있는 저녁노을의 눈부신 광선이 독수리에게 "날아라"고 말하는 것 같았고, 독수리는 무척 날고 싶어 힘이 솟구쳤지만 이미 그의 마음은 쇠사슬에 매여 날아갈 수 없었습니다.

당신도 쇠사슬에 매인 독수리처럼 죄의 문제를 포기한 상태로 살아가지는 않습니까? 예수님께서 이 세상에 오신 최고의 목적이 죄인을 구원하기 위함입니다. 독수리처럼 죄의 사슬에 매여 있는 사람은 스스로 사슬을 풀수가 없습니다. 그래서 예수님께서 이 죄의 사슬을 풀어 주시기 위해 오신 것입니다.

> "그리스도 예수께서 죄인을 구원하시려고 세상에 임하셨다 하였도다" (딤전 1:15).

사랑하는 여러분 지금 당신의 모든 죄를 해결하고 싶지 않습니까? 당신의 어떤 노력도(선행, 수양) 이미 매여 있는 죄 사슬을 풀 수는 없습니다. 지금 예수님께 나아오십시오. 그리고 예수님을 부르십시오. 구원은 오직 예수님만이 주실 수 있는 인간을 위한 최고의 선물입니다. 하나님은 이 사실을 성경을 통해 우리에게 분명하게 말씀하고 계십니다.

"너희 목마른 자들아 물로 나아오라 돈 없는 자도 오라 너희는 와서 사먹되 돈 없이 값없이 와서 포도주와 젖을 사라" (사 55:1).

그리스도인과 불신자의 차이

죽음에 앞서 사람은 가장 진실 된 말을 합니다. 그리고 가장 착한 말을 합니다. 사람이 세상에서 마지막 남기는 임종 어는 그의 삶이 어떠했는가를 가늠해 볼 수 있습니다. 그런데 예수님을 믿었던 자들의 임종 어와 믿음을 거부하며 불신의 상태로 죽음을 맞이한 사람의 말은 분명한 차이를 볼 수 있습니다.

그 내용은 죽음 이후에 대한 확신과 불안, 죄에 대한 자신감과 염려, 그리고 삶에 대한 해석이 다르다는 것입니다. 죽음은 어리석은 삶을 산 자에게는 고통스럽습니다. 그러나 예수님을 믿고 구원의 확신을 가진 자는 혼지가 아니며 그의 종착지가 어두운 무덤이 아니라 새로운 아침이 기다리는 곳을 향해 출발하고 있다는 사실을 분명하게 확신합니다.

여기서 예수님을 믿지 않았던 자들의 마지막 말을 살펴봅시다. 프랑스 황제 나폴레옹(1769-1821)은 "프랑스 군대! 조세핀!"이라고 말했습니다. 독일의 최대 시인 괴테(1749-1832)는 "어둡다! 어둡다! 나에게 빛을 달라"고 했습니다. 프랑스의 계몽 사상가 볼테르(1694-1778)는 "나는 하나님과 인간에게 버림을 받았다. 나는 지옥에 떨어진다. 오! 그리스도시여! 예수 그리스도시여!"라고 말했으며 프랑스의 혁명가로 많은 사람을 죽인 미라보는(1749-1791) "영원에 대한 생각을 잊을 수 있도록 나에게 아편을 다오"라고 말했습니다.

이와는 반대로 예수님을 믿었던 자들의 고백은 다릅니다. 미국의 초대 대통령 워싱턴은(1732-1799) "좋다! 저 세상은 참 아름답군!" 하며 믿는 자에게 죽음은 불행이 아님을 말하였습니다. 지금도 베스트셀러인 천로역정의 저자 존 번연(1628-1688)은 "나를 받아 주시옵소서 이제 당신께로 가나이다"라고 말했습니다. 마가복음을 기록한 마가는 알렉산드리아에서 전도 중에 순교하면서 "주의 손에 내 영혼을 돌려 드리나이다"라고 말했다고 합니다. 그리스도인들의 임종 어는 이미 얻은 자들의 당당한 메시지였습니다. 천국을 소유한 자들의 넉넉함이었습니다. 초대 교회 집사였던 스데반은 "주 예수여 내 영혼을 받으시옵소서"라고 말하며 숨을 거두었습니다.

예수님을 통해 죄 문제를 해결 받았기에 당당하게 천국에 들어갈 수 있는 하나님의 자녀가 된 자들이 바로 그리스도인입니다. 그래서 예수님을 믿는 자들은 분명하게 말합니다. "나는 지금 죽어도 천국에 들어갈 수 있습니다." 내일을 모르는 인생이 지금이라도 천국을 소유할 수 있다는 것은 오만이 아니라 하나님을 신뢰하는 자만이 가질 수 있는 믿음이며 겸손한 고백입니다.

얼마나 하나님을 신뢰하면 이런 고백을 할 수 있겠습니까? 예수님을 구주로 믿지 않고, 인생의 주인으로 모시지 않으면 결코 불가능한 고백이기 때문입니다.

"내가 진실로 진실로 너희에게 이르노니 내 말을 듣고 또 나 보내신 이를 믿는 자는 영생을 얻었고 심판에 이르지 아니하나니 사망에서 생명으로 옮겼느니라"(요 5:24).

Love Letters to Apartments

빅토리아 여왕의 아버지

영국의 빅토리아 여왕의 아버지 켄트 공작은 신실한 크리스천이었습니다. 켄트 공작의 임종 시 의사가 공작을 위로하기 위해 공작의 위대한 정치적인 공적을 열거하며 공작의 사후는 확실하게 보장되어 있을 거라는 말을 하였습니다. 그러자 공작은 "내가 구원 얻는 것은 공작이기 때문이 아니라 죄인이기 때문이요"라고 말했다 합니다.

사람의 구원은 공적이나 선행 때문이 아닙니다. 사람들에게는 구원받기 위해서는 어떤 일을 해야 한다는 마음이 항상 자리 잡고 있습니다. 지금 이 시간에도 많은 사람들이 자신의 노력이나 공로로 죄의 문제를 해결하고 구원을 얻으려고 합니다.

인도에서는 구원을 얻기 위해 찌는 듯한 햇볕 아래서 못이 박힌 널빤지 위에 누워 있는가 하면, 일생을 벙어리로 살 것을 서약하는 사람도 있고, 수백 킬로나 되는 곳을 기어서 순례 여행을 하는 사람과 갠지스 강에서 목욕을 통해 구원받기를 원하는 사람들이 있습니다. 이러한 행위와 구원을 그리스 정교나 가톨릭에서도 강조하고 있습니다.

많은 사람들은 행위의 종교를 선호하며 따라갑니다. 그러나 그것은 인간이 만든 종교적인 사슬에 불과합니다. 오히려 행위의 사슬은 사람을 힘들게 하고 고통으로 몰아넣습니다. 그리고 자신의 행위에 따라 좌절하고 용기를 얻지만 인간의 불완전성 때문에 확신 없는 삶을 살다가 죽음에 앞서서도 자신의 내세가 어떻게 될 것인지 불안해할 수밖에 없습니다.

구원은 행위가 아니라 구원자이신 예수 그리스도를 믿음으로 주어지는 하나님의 선물이라고 성경은 분명하게 말씀합니다.

"너희는 그 은혜에 의하여 믿음으로 말미암아 구원을 받았으니 이것은 너희에게서 난 것이 아니요 하나님의 선물이라 행위에서 난 것이 아니니 이는 누구든지 자랑하지 못하게 함이니라"(엡 2:8-9).

구원은 하나님께서 일방적으로 주시는 선물이기에 은혜라고 말합니다. 구원받기를 원하는 사람에게 요구되는 또 다른 하나의 요구는 자신이 죄인임을 인정하는 것입니다. 죄인임을 모르는 사람은 자신 스스로 흠이 없기에 구원자가 필요 없다고 말하기 때문입니다. 죄인임을 인정하지 않으면 죄로부터 자기를 구원하러 오신 예수님도 거부하기 때문입니다. 인생은 구원자가 필요한 죄인입니다. 하나님은 이 시간 당신을 구원하기를 원하고 계십니다. 예수님을 믿으십시오.

새를 유혹하는 뱀

죄에 대한 사람들의 반응은 대체적으로 무감각합니다. 이는 죄란 것이 해결하기 어려운 문제임을 인정하는 잠재의식 때문에 일부러 기피하고 미화하려는 심리 때문입니다. 사람들은 마음에 많은 것을 가지고 있습니다. 분노, 조급함, 경제적인 고민, 악한 욕망, 증오 등등 ... 사람은 순간적으로 범죄 할 수 있는 존재입니다. 하루에도 수없이 많은 죄악 된 생각이 밀려옵니다. 사람들이 처음 죄를 지을 때에는 부끄러움과 고민에 빠집니다. 그리고 다시는 그 더러운 짓을 하지 않겠다고 결심합니다. 그러나 2-3일이 지나면 새로운 유혹 앞에 다시 굴복하고 맙니다.

남아프리카에는 눈으로 새를 유혹하는 뱀이 있다고 합니다. 뱀의 날카로운 눈빛으로부터 빠져나오려고 새가 노력하지만 새는 저항력을 상실하고 두려움 없이 뱀에게로 다가가다가 뱀의 갑작스런 공격을 받고 먹혀 버린다고 합니다.

죄는 바라보면 볼수록 아름답고 달콤하게 보입니다. 사람들은 한평생 죄 때문에 고민합니다. 그러나 죄는 도무지 인간의 힘으로는 해결할 수 없습니다. 인간의 죄로 인한 비참함을 극복하는 방법을 자신 속에서 찾는다면 이는 헛수고임을 알아야 합니다. 하지만 죄를 해결할 수 있는 길이 있습니다.

16일 동안 구봉 광산의 지하 갱도에 갇혀 있던 양창선 씨가 자신 스스로의 힘으로 나오려고 했지만 방법이 없었습니다. 구조대원의 힘이 아니고는 도무지 불가능이었던 것입니다. 사람이 자신의 힘으로 구원될 수 없다는 사실을 인정하지 않고는 구조를 요청하지 않습니다. 이처럼 사람들은 자신의 죄에 대한 무기력함을 인정하지 않고는 스스로가 구원자가 될 수 있다는 착각에 빠져 비극적인 결말을 맞게 됩니다.

그러므로 죄 문제를 해결 받기 위해서는 먼저 자신이 죄인임을 하나님께 인정하고 고백하며 예수님의 도우심을 구해야 합니다. 예수님이 이 세상에 오신 목적이 바로 사람들을 죄로부터 구원하기 위함입니다. 예수님은 인간의 죗값을 대신 지불하기 위해 제물이 되셨고 십자가에서 죽으셨습니다. 하나님께서 만드신 죄 해결 방법이 아니고는 사람은 결코 죄의 구덩이에서 벗어날 수 없습니다.

예수님은 인생의 죄를 해결하기 위해 오셨습니다. 당신도 예수님을 믿기만 한다면 당신의 모든 죄는 깨끗하게 용서함을 받고 구원을 얻게 될 것입니다.

"하나님이 그 아들을 세상에 보내신 것은 세상을 심판하려 하심이 아니요 그로 말미암아 세상이 구원을 받게 하려 하심이라 그를 믿는 자는 심판을 받지 아니하는 것이요" (요 3:17–18).

Love Letters to Apartments

동갑내기 대통령과 수상

지금도 존경을 받는 미국의 16대 대통령 링컨 (1809~1865)은 많은 좌절과 고통을 맛본 사람입니다. 그러나 그는 어려움이 있을 때마다 문제를 해결하는 방법이 있었습니다.

기도 생활로 어려움을 극복한 것입니다. 남북 전쟁 때 대통령으로서 많은 어려움을 당한 링컨은 다음과 같은 말을 하였습니다. "나는 무릎을 꿇고 하나님께 기도하였습니다. 앞날이 칠흑 같은 어두움으로 희망이 보이지 않을 때 하나님밖에는 도움을 구할 데가 없었기 때문입니다 … 이 무서운 전쟁이 빨리 끝나기 위해서 우리는 열심히 바랄 뿐만 아니라, 열심히 기도해야만 했습니다."

그리고 링컨과 같은 해에 태어나 영국의 수상이 된 글래드스턴(1809-1898) 역시 철저한 크리스천이었습니다. 수상이 된 후 매우 바쁜 일정 가운데서도 기도 생활에는 변함이 없었다고 합니다. 해결하기 어려운 정치적인 문제가 다가올 때마다 아무도 모르게 예배당을 찾아서 종일토록 기도하며 성경을 보며 묵상하는 가운데 하나님으로부터 오는 지혜를 구하였다고 합니다.

기도는 하나님의 도우심을 구하는 최고의 힘이라고 말할 수 있습니다. 나약한 인간이 기도할 수 있다는 것처럼 큰 축복은 없습니다. 하나님은 예수님을 믿고 자녀 된 사람의 기도는 반드시 귀를 기울이십니다. 그리고 좋은 길로 인도해 주십니다. 성경을 보면 오히려 하나님께서 우리의 기도를 더 원하고 계신다는 사실을 알 수 있습니다.

> "이에 그들이 근심 중에 여호와께 부르짖으매 그들의 고통에서 건지시고 또 바른 길로 인도하사 거주할 성읍에 이르게 하셨도다 … 그가 사모하는 영혼에게 만족을 주시며 주린 영혼에게 좋은 것으로 채워 주심이로다" (시 107:6-7;9).

무엇이든지 해결해 주실 수 있는 하나님의 사랑은 인간의 삶 속에 기도를 통해 구체적으로 나타나는 것입니다.

사람은 누구나 아름다워지기를 원합니다. 그 아름다움은 하나님과의 동행 속에서만 이루어질 수 있습니다. "하나님의 임재를 생각하여 기도하는 사람처럼 진실로 아름다운 것은 없다"고 한 프랑스의 시인 꼬뻬의 말처럼 말입니다.

Love Letters to Apartments

연애

사람들이 가장 좋아하는 이야기가 사랑 이야기입니다. 사랑 이야기를 듣고 있노라면 나이에 상관없이 어린 아이처럼 진지함과 호기심으로 눈을 껌뻑입니다. 사랑에 빠진 사람은 열병을 앓고 있는 것처럼 홍역을 치르게 됩니다. 그러나 당사자는 자신이 열병에 걸렸다는 사실을 전혀 인정하지 않으려고 합니다. 그리고 사랑에 빠진 사람은 정확한 판단력을 상실하게 됩니다.

스페인의 소설가 세르반테스는 말했습니다. "연애하는 남녀는 이상한 안경을 끼기 마련이다. 구리를 황금으로, 가난함을 풍족함으로 본다. 그러기에 상대방의 눈에 난 다래끼조차 진주알로 보게 된다."

사람들은 언제나 연애하는 감정으로 삶을 살기를 원합니다. 특히 여자들은 연애하는 기분으로 살기를 원합니다. 그러나 연애하는 기분은 얼마 가지 않아 깨지고 마는 경우가 많습니다. 이는 사람들이 아름다움만을 추구하기 때문입니다. 아름다움만을 추구하는 사람은 생명이 짧을 수밖에 없습니다.

결혼 후 3년 내에 이혼하는 사람들이 많은 것은 아름다운 이상이 깨지기 때문입니다. 많은 사람들이 연애할 때에는 철저하게 지키던 예의도 결혼 후에는 아예 지키지 않는 경우가 많습니다. 이처럼 세상의 사랑은 이기적이며 그 초점이 자신에게 맞추어져 있습니다. 그래서 미워하고 증오하며 후회합니다. 그러나 진정한 사랑은 상대방의 결점을 용서하고 이해해 줍니다.

예수님은 불완전한 인간을 용납하셨습니다. 그리고 끝까지 사랑하십니다. 세상 사람은 자기보다 완벽하고 좋은 배우자를 원하지만 주님은 우리의 불완전과 약점을 전혀 개의치 않으시고 끝까지 사랑해 주신다는 것입니다. 그러므로 주님과 연애를 시작한 분들은 그 사랑에 감격하고 행복함을 느끼며 삽니다. 인생 행복의 근원이 되는 예수님을 영원한 사랑의 파트너로 선택하지 않겠습니까?

예수님은 당신처럼 눈이 높지 않습니다. 좋은 조건과 환경을 요구하지도 않습니다. 단지 당신이 프러포즈를 하기만 한다면 언제나 응해 주십니다. 그러나 예수님은 하나님의 아들이십니다.

> "너희 모든 목마른 자들아 물로 나아오라 돈 없는 자도 오라 너희는 와서 사 먹되 돈 없이 값없이 와서 포도주와 젖을 사라" (사 55:1-2).

> "내가 주는 물을 마시는 자는 영원히 목마르지 아니하리니 내가 주는 물은 그 속에서 영생하도록 솟아나는 샘물이 되리라" (요 4:14).

고집스런 마부와 흑인

하나님은 에덴동산을 만드시고 필요한 모든 것을 공급하셨습니다. 그러나 아담과 하와는 선악과를 따먹으므로 무한대의 축복을 잃어버리고 에덴동산에서 쫓겨나고 말았습니다. 사람들은 너무나 근시안적입니다. 보잘것없는 것 하나를 얻기 위해 모든 것을 잃어버리면서도 깨닫지 못하는 경우가 많습니다.

하나님께서 세상을 만드시고 일곱째 날은 쉬라고 하셨습니다. 이 날이 바로 오늘날의 주일입니다. 이 날은 복되고 거룩한 날입니다. 창세기 2장 3절을 통해 분명하게 말씀하고 있습니다. "하나님이 일곱째 날을 복 주사 거룩하게 하셨으니 이는 하나님이 창조하시며 만드시던 모든 일을 마치시고 이 날에 안식하셨음이더라."

하나님께서는 주일을 다른 날과 구별하셨습니다. 다른 날과 달리 이 날을 복주셨습니다. 어떻게 생각하면 주일이 사람을 구속하는 날이라고 생각할 수 있지만, 사실은 이 날을 통해 하나님께서 사람들에게 복 주시기를 원하셨기에 이 날을 구별되게 지키라고 하신 것입니다. 하나님의 입장에서 보면 주일은 인생이 잘되기를 원하셔서 주신 특별한 날입니다. 그러나 사람들은 하나님의 뜻과는 전혀 상관없이 주일을 자신의 마음대로 사용하기를 원합니다.

두 사람의 마부가 수레에 짐을 싣고 먼 길로 출발하였습니다. 한 사람은 주일이 되자 말과 같이 하루를 쉬면서 예배를 드렸습니다. 그러나 또 다른 사람은 "하루를 쉬면 얼마나 손해가 많은데"라고 하면서 계속 말을 몰아 목적지를 향하였습니다. 믿음을 가진 마부는 목적지에 도착할 때까지 주일은 꼬박꼬박 쉬면서 예배를 드렸습니다. 목적지에 도착해 보니 믿지 않는 마부는 아직도 도착하지 않았습니다.

며칠이 지난 후에 목적지에 도착한 마부는 말도 마차

도 없이 기진맥진한 빈 몸으로 도착하였습니다. 이 마부는 쉬지 않고 계속해서 말을 몰았기에 말도 자신도 병이 나고 마차도 고장이 나서 겨우 몸만 도착했다는 것입니다.

또 다른 이야기가 있습니다. 류머티즘으로 고생하고 있는 신앙심 깊은 어떤 흑인이 주일날 교회를 가려고 일어섰습니다. 그러자 주위의 사람들이 만류하였습니다. 날씨도 춥고 비도 오니 쉬라는 것이었습니다. 흑인은 친구들의 만류를 뿌리치며 이렇게 말했습니다. "나는 반드시 교회에 가야 한다네 하나님의 은총이 예배드리는 순간에 내려올지 어떻게 아나. 나는 그 은총을 놓칠 수가 없다네."

하나님께서 복을 주시기 위해서 특별히 구별한 거룩한 날이 바로 주일입니다.

"또 이르시되 안식일이 사람을 위하여 있는 것이요" (막 2:27).

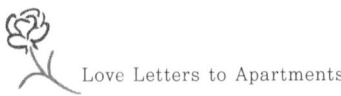

책 속에 기록된 유언

　스페인의 바르셀로나에 살던 스물네 살의 비도 마티라는 학생이 철학박사 학위 논문을 쓰고 있었습니다. 도서관에서 참고 서적을 찾던 중에 어떤 고대 철학자가 쓴 책을 발견하였습니다. 이 책 속에는 철학자의 유언이 기록되어 있었습니다. 유언은 이 책을 읽는 최초의 사람에게 그의 모든 재산을 물려준다는 것이었습니다. 비도 마티는 이 책에 기록된 유언을 가지고 법정으로 가서 법적인 상속자로 인정을 받고 25만 달러의 부동산을 물려받게 되었다고 합니다.

　예수님을 믿고 하나님의 자녀가 된 사람들도 이처럼 법적인 상속자들입니다. 성경은 말씀합니다.

"영접하는 자 곧 그 이름을 믿는 자들에게는 하나님의 자녀가 되는 권세를 주셨으니" (요 1:12).

이 말씀은 예수님을 믿는 자들은 법적으로 하나님의 자녀가 된 것을 선포하고 있습니다. 예수 믿는 자들이 왜 그렇게 확신에 찬 삶을 사는지 아십니까? 이는 바로 하나님을 아버지라고 부를 수 있는 법적인 보장을 받았기 때문입니다.

아버지는 그 어떤 말보다 강하고 큰 의미를 가지고 있습니다. 아버지는 자녀의 전 생활을 지배하는 힘이 있습니다. 그리고 가장 강렬한 사랑이 있습니다. 그런데 이 세상을 창조하시고 인생의 생사화복을 주장하시는 하나님을 아버지라고 부를 수 있는 자들이 바로 그리스도인들입니다. 성경은 이 사실에 대해 분명하게 말씀하고 있습니다. 성경은 모든 사람은 죄를 지었고, 죄를 통해 막힌 하나님과의 관계를 예수님께서 대신 십자가에 죽으심으로 죄의 값을 치루셨기에 십자가 앞에 나와 예수님을 믿기만 한다면 누구든지 용서해 주시고 하나님의 자녀로 삼아 주신다고 말씀하고 있습니다.

성경은 인간을 위해 구원의 길을 가르치는 유일한 하나님의 말씀입니다. 성경은 세상의 그 어떤 책과 비교할 수 없는 최고의 보배입니다. 그래서 유명한 설교가 무디는 이렇게 말했습니다. "나는 하나님께서 성경을 주신 것과 성경을 통해 여러 가지 약속을 주신 것을 언제나 마음 깊이 감사한다. 성경에 기록된 사실이나 약속은 옛날이나 오늘이나 변함없이 내게 신실한 것임을 나는 확실히 알고 있다. 그리고 그 언약 중에는 낡아 버린 것이 하나도 없다. 어떤 말씀이든지 언제나 새롭고 신선한 것뿐이다."

성경말씀을 통해 예수님을 구세주로 믿고 있습니까? 성경을 통해 구원의 확신을 가지고 있습니까? 그리고 지금 예수님이 당신과 함께 하심을 느끼십니까? 하나님의 말씀은 당신에게 만족과 평안함과 함께 일생을 통해 가장 큰 큰 영향을 줄 것입니다.

> "풀은 마르고 꽃은 시드나 우리 하나님의 말씀은 영원히 서리라 하라" (사 40:8).

어떤 부부

어떤 부부가 있었습니다. 남편은 성병에 걸렸고 아내는 폐결핵에 걸렸습니다. 이런 상황에서 아내가 임신을 하였습니다. 그런데 이 부부는 이 아이를 낳기로 결정했습니다. 어떻게 보면 참으로 어리석은 결정이었습니다. 낙태를 시키는 방법도 있었지만 그들은 자녀를 낳기로 한 것입니다.

그러나 이 부부는 참으로 현명한 결정을 한 것입니다. 왜냐하면 이 부부에게서 태어난 사람이 바로 베토벤이었기 때문입니다.

베토벤은 말년에 귀가 어두워져서 자신이 작곡한 곡을 들을 수가 없었습니다. 그는 많은 사람들이 환호하고 갈채를 보냈지만 그 소리를 들을 수 없었던 것입니다. 그는 이런 고백을 하였습니다. "나는 이렇게 어두운 고통을 넘어서 밝은 기쁨을 맛볼 수 있었습니다."

사람들의 결정은 참으로 중요합니다. 인생 모두가 결정하며 사는 삶이고, 그 결정에 따라 결과가 기다리고 있기 때문입니다. 사람의 한 평생은 결단을 통한 선택의 연속입니다. 인생의 결과는 인간적인 결단이냐 아니면 신앙적인 결단이냐에 의해 결정됩니다. 인생의 결정은 결국 혼자 해야 합니다. 어떤 상황이나 인간적인 정이나 욕심 때문에 최선의 결정을 하지 못한다면 이는 참으로 불행한 일이 아닐 수 없습니다.

사람의 불행은 두 가지를 한꺼번에 가지려고 하는데 있습니다. 더 유익한 것을 위해 하나를 버릴 줄 아는 습관을 가져야 합니다. 사람은 두 마리의 토끼를 동시에 쫓을 수 없습니다.

사람들은 예수님을 믿으면 모든 것을 잃고, 구속받는 삶을 사는 것처럼 생각합니다. 그러나 이는 대단한 오해입니다. 세상을 창조하신 하나님을 믿고 예수님을 믿는 것은 세상의 그 어떤 것과 비교할 수 없는 가치를 가지는 것입니다. 예수님은 이 사실에 대해 이렇게 말씀하셨습니다.

> "너희는 먼저 그의 나라와 그의 의를 구하라 그리하면 이 모든 것을 너희에게 더하시리라" (마 6:33).

이 시간 당신에게 예수님을 믿으라고 권하고 싶습니다. 예수님만이 당신의 가치를 최고로 높여 주실 수 있는 분이기 때문입니다. 인생은 하나님의 형상대로 지음 받은 세상 최고의 피조물입니다. 그러나 이 피조물의 가치는 하나님을 모를 때는 아무 의미가 없습니다.

독일의 문학가 힐티가 이런 말을 하였습니다. "하나님에 대한 믿음을 가지지 않고 살다가 죽는 것은 비참한 일이다. 외면적으로 순조롭게 보이는 경우라도 비참한 일이다." 하나님은 시편 14편 1절에서 말씀하고 계십니다.

> "어리석은 자는 그의 마음에 이르기를 하나님이 없다 하는도다."

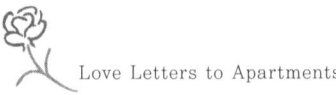

죽은 자의 부르짖음

　　독일의 염세 철학자 쇼펜하우어는 일생 동안 자신이
그리스도의 적이라고 말했습니다. 그러나 병마에 시달리
게 되었을 때 이렇게 부르짖었습니다. "내 주여 내 하나님
이여!" 이 말을 듣고 있던 의사가 놀라면서 물었습니다.
"당신과 같은 철학자들을 위해서도 하나님이 존재하고
있습니까?" 쇼펜하우어는 이렇게 대답했습니다. "하나
님 없는 철학은 괴로울 때는 아무 소용이 없습니다. 내가
나으면 생각을 바꿀 작정입니다."

　　그러나 그는 굳게 결심하지 못하고 회복되어서도 여
전히 하나님을 무시하는 자세로 살았습니다. 다시 병석
에 눕게 된 쇼펜하우어 곁에 있던 의사가 그 전의 약속을

상기시키면서 물었습니다. "당신은 지금도 하나님을 믿나요?" 쇼펜하우어는 자포자기한 모습으로 "그런 무서운 문제에 대해서는 말하지 마세요"라고 말하고는 그날 저녁에 삶에 대한 아쉬움을 남기고 일생을 마쳤다고 합니다.

사람이 결심하지 못하는 이유가 무엇입니까? 하나님에 대한 불신은 후회와 통곡만을 가져다줍니다. 성경은 불신자였던 어떤 부자의 죽음에 대해 기록하고 있습니다. 세상에 살면서 하나님을 무시하고 돈과 쾌락을 하나님으로 생각하고 살던 부자는 죽어서 지옥으로 가게 되었습니다. 끝없이 뜨거운 불 속에서 제발 우리 형제들만은 이곳에 오지 않도록 천국에 가 있는 나사로를 시켜 세상으로 가서 복음을 전해 달라고 처절한 호소를 하지만 그 호소는 아무런 소용이 없었습니다. 누가복음 16장 27절에서 28절까지 기록된 부자의 절규입니다.

"이르되 그러면 아버지여 구하노니 나사로를 내 아버지의 집에 보내소서 내 형제 다섯이 있으니 그들에게 증언하게 하여 그들로 이 고통 받는 곳에 오지 않게 하소서."

예수님을 믿지 않고 죽은 자는 고통 속에서 울부짖습니다. 예수님을 믿지 않은 불신앙의 결과로 주어지는 끝없는 고통에 대한 처절한 후회와, 아직 세상에 살아남은 가족들의 불신앙에 대한 염려로 언제까지고 절규할 수밖에 없을 것입니다.

예수님에 대한 불신보다 더 큰 죄는 없습니다. 세상의 모든 죄는 예수님을 믿음으로 용서받을 수 있으나 불신앙의 죄는 어떤 방법으로도 용서받을 수 없기 때문입니다.

"죄에 대하여라 함은 그들이 나를 믿지 아니함이요" (요 16:9).